台灣的兩面鏡子

從中國、日本缺什麼，看台灣如何加強競爭力

近藤大介 著
泓冰 譯

推薦——

「台灣」這件作品完成了嗎?

范疇(連續創業者、《與中國無關》作者)

台灣是個神奇的地方,台灣人自己都覺得它充滿了難以理解的矛盾,何況一個外國人的感受?不久前我開玩笑地對朋友說「我發現了一個描繪台灣的方法,那就是中日戰爭還沒結束,但戰場由中國大陸移到了台灣」,就在這個時候,接到了野人出版社送來的這本新書稿——《台灣的兩面鏡子》。讀完作者對中、日、台三地的文化、價值觀比較之後,我笑了。中日戰爭果真還在台灣打!而且,誰勝誰負還不知道呢。

作者近藤大介的母系家族來自台灣,母親一九三七年出生於今天台北中正紀念堂的後門一帶,畢業於今天的中山女高;外婆則是一九〇八年在台北出生,畢業於台北第一高等女學校(現在北一女)。一九四五年日本戰敗,作者的母系家族捨棄在台灣的一切,遷至鹿兒島,也就是作者的家鄉。作者從小從外婆口中得知的台北,「比(當年)日本本土更國際化」。

由於這特殊人生背景,作者一直疑惑,台灣的文化,究竟應該視作「日本列島的延長線」，還是「中國大陸的延長線」？他問自己，我應該把台灣人視作「日本化的中國人」，還是「說中國話的日本人」？

經過了許多年對中國及台灣的深入體驗，作者提出了他的答案：「我認為台灣文化是巧妙融合了原本台灣既有的文化，以及中國大陸與日本文化之後，發展出的獨特『結晶』。不正是台灣人巧妙地以現代精神呈現出日本平安時代就被視為理想的『和魂漢才』嗎？」

這個結論，想來會讓很大一部分台灣人，感到「於我心有感感焉」，甚至「與有榮焉」。但是，想來另有一部分台灣人，即令不感覺氣憤，基本上也不會認可這結論。這兩部分人，都稱自己為台灣人，也都排斥當前中國的共黨政權，但前者的靈魂以日本為座標，而後者的靈魂以中國為座標。

這就是我在文首所說的，中日之間的實體戰爭已經於一九四五年結束，但是中日之間的文化戰爭、認同戰爭，卻還在台灣暗地開打，其洶湧的程度，導致絕大多數的台灣人，包括從未到過日本和中國的年輕人，喪失了「以台灣為座標」的能力，更別說「以世界為座標」的氣魄。

今後三十年後的台灣人，究竟是「和魂漢才」，還是「漢魂和才」，甚至「美魂漢才」，真的難說。而我個人希望看到的是「世魂台才」：一個以地球為座標的台灣人才集合體。

「台灣」這件作品，在二〇一四年還距離完工很遠，不知二〇四四年是否得以完工？本來我覺得有希望，但讀完這本書之後，我開始檢討自己的樂觀。

本書透露了一個日本的「國家機密」：兩千多年來，日本都無法擺脫「以中國為座標」！日本花了兩千年都做不到的事，台灣能在三十年內做到嗎？

原來，兩千多年前，春秋戰國的各國最高領導還只稱「王」，後來秦始皇開始稱「皇」，「王」頓時降了一級。歷來忌憚中國的日本，境內也都只敢稱「王」，無人敢稱「皇」。作者說：「日本或是被中國的皇帝封為『日本之王』，或是對中國有所顧忌，才自封為『王』……至於『天皇』這個名稱由來，自古以來眾說紛紜，始終無法確定。我個人認為，可能是因為日本的王也想過過『小皇帝』的癮，所以借用『從天而降的皇帝』的含義，給自己起名為『天皇』吧。」

最妙的是，作者指出：「日本國」的定名時間大致為西元七世紀後期至八世紀前期。可是，關於「日本國」應該讀作「にっぽんこく」（Nipponkoku）還是「にほんこく」（Nihonkoku）的問題，從古至今一直無人確定。

一直到今天，聯合國還不知道日本的正式國名是什麼；二〇〇九年麻生太郎首相帶著內閣討論日本的正式國名，但最終還是沒有結論，不了了之。作者認為，日本的國名之所以這麼含糊，與「天皇所處的位置不明確」具有連帶關係。言下之意，天皇在名義上是最高領導，但在實質上又管不住昔日的軍人和今日的內閣黨派，因此在不同的情況下使用不同的國名，可以巧妙的避諱很多問題。

因為歷史上「以中國為座標」，日本人只能胡攪，使得國名不清，天皇角色不明確，延續至今。那麼，在「以中國為座標」下，究竟是「中華民國」還是「台灣」，又有什麼稀奇呢？「總統」的角色，強的時候足以亂政，弱的時候號令不出總統府，這又很奇怪嗎？

《台灣的兩面鏡子》這本書的可讀性很高，作者以許多親身體驗的有趣例子，點出了中日文化的核心。在作者的詮釋下，日本著名的「集體主義」，既發揮了集體力量，卻也是日本人集體逃避責任的主要原因。另方面，中國的「缺乏團隊精神」，既是今日中國年輕一代充滿衝勁的原因，但也是中國未來發展的主要制約。點點滴滴匯集成的這本書，確實是台灣值得參考的兩面鏡子。

推薦——

文化鏡子照出新的自己

邱立本（《亞洲週刊》總編輯）

三面鏡子，照出了你所不知道的文化祕密。日本和台海兩岸的比較，其實就是三面鏡子的互相映照，在別人的影子中，看到自己的缺點和優點。這是近藤大介新書的強烈企圖心，要找出這個文化三角形的最新互動。

這個文化三角形，都是儒家文化的產物，也都是使用筷子的世界，相似度很高，但深一層看，在歷史進程的變幻中，卻出現了過去所難以想像的差異性，從待人接物的方式、生活上的習慣，到思維的定勢，都有巨大的落差。

即便自己和自己的過去比較，也會發現很多的變化。不僅桃花不依舊，人面也全非。日本在「失落的二十年」中，一直延伸到今天，出現了不少乖乖牌式的「草食族」、溫順的「宅男」，沒有過去武士道精神的追求，打破了過去日本人在國際上的形象。近藤對此有不少觀察與感嘆，同時並發現日本社會在曖昧的語境中有「逃避責任」的傾向，對此作出的不少深刻的反思。

對一些老北京來說，近藤今天在北京發現的馬虎服務、品質很差的服務業表現，其實並不是老舍在《茶館》所認識的周到與客氣的老北京傳統，也不是作家唐魯孫所熟悉的北平風情。但今天如何恢復過去的優良傳統，正是需要更多的文化反思與比較。

因而持續對一個社會文化特性作出觀察，不僅作橫向的比較，也作縱向的比較，就會看到不少超越刻板印象的真相，也會看到一些今天難以看到的盲點。

今天台灣的社會秩序和人情味，被中國大陸媒體視為典範，寶島「最美的風景就是人」，也並不是一向如此。六、七十年代台灣作家柏楊，就常常在雜文上指出那些公共汽車的車掌小姐，都有一副「晚娘面孔」，而坐公共汽車不排隊的惡習和隨地吐痰等，更在一九六三年被美國留學生狄仁華（Don Baron）所批評，引發了一場青年「自覺運動」，刺激了台灣社會的自我改進。

同樣的，今天中國大陸的社會，在國際的形象被視為積極進取，甚至面對「中國威脅論」的指控。但很多人不會記得，二戰之前的中國，還是長期被視為「東亞病夫」，是一個做事只有五分鐘熱度，被「阿Q心態」牽著鼻子走，被胡適和魯迅等作家痛心疾首地批判。

正是這樣的反思、比較、與自我拷問，刺激一個社會不斷向前超越前進。

這也是文化批評的意義，推動一個跨國文化比較的論述空間，也推動一個歷史文化的反思空間。在一個多面的鏡子中，看到了自己的優缺點，也看到別人的優缺點。

比較日本和台海兩岸的社會與文化，在二〇一四年有更重要的意義，因為東京與北京在外交和國防上的摩擦與潛在衝突，正上升至二次世界大戰以來的最高峰，國際上甚至出現了「中日必有一戰」的憂慮。而台灣和日本，最近由於故宮國寶在東京的展覽，出現「國立」之爭，再加上釣島主權的爭議，都引起全球矚目。

也就是在這樣國際風雲變幻的時刻，近藤大介的這本新書，讓各方決策者與民眾，都有一個重新檢視這個文化三角形的時機。三者的經濟互動，其實非常密切，但相對地，在文化和社會上的交流中，往往被一些無形的文化屏障所限制，被一些傲慢與偏見所蒙蔽。

在這樣充滿誤讀與誤判的時刻，近藤大介的最新觀察，撥開了不少文化的迷霧，讓博弈各方都看清楚自己和對方的身影，更看清楚對方內心深處的脈動。

這也是三面鏡子交叉映照的效應，看到今天和昨天的映像，也最終可以探索明天的映像。

文化鏡子的意義，在於認清楚那些本來模糊的影子，在比較文化、社會與歷史的過程中，在發現別人之前，發現了新的自己。

推薦——

辣炒翠玉白菜——台日中三角關係的鏡中影像

胡文輝（資深新聞工作者，現任《自由時報》總編輯）

以銅為鏡，可以正衣冠；以史為鏡，可以知興替；以人為鏡，可以明得失。

——唐太宗李世民

「這裡就像不在地球上！」這是近藤大介在其所著《台灣的兩面鏡子》一書中，描述日本人看不慣中國人做事態度時的口氣；「日本以為自己就是地球！」這是他形容日本人自以為是、視野狹隘的用語。

母親在台灣出生，台灣是「母親的故鄉」；外曾祖父日於治時期任職台北火車站站長，妻子是中國人；在日本、中國有多年工作及採訪經驗，曾多次到台灣採訪……近藤大介先生身兼企業管理者、學者、記者、觀察家，就他在日本、中國工作及生活親身體驗，從細微處觀察兩國人民作事方法及態度等「外在」的不同，診斷出「日本病」、「中國病」，歸納出「內在」因素的大哉問：是國家性缺失，還是國民性痼疾？《台灣的兩面鏡子》值得大家細讀觀照。

當然，近藤先生也指出「台灣病」。例如，患了與日本雷同的「島國和平癡呆症」，大家也可照照鏡子，有則改之，無則一笑。

近藤先生在與我對談中，特別提到台北的故宮很迷人。但後來台日間突然發生「翠玉白菜風波」，這個風波正是一面鏡子，反映了台、日、中三角關係微妙的愛恨情仇！

台灣國立故宮博物院收藏的國寶「翠玉白菜」，首度出國到日本東京博物館展出，是台日文化交流的歷史盛事。但是，開箱上架前夕，卻發生海報等宣傳品上，故宮名稱未全部冠上「國立」爭議，經政治加料「辣炒」，形成火辣辣事件，翠玉白菜差點就無法在東京「上菜」，經台日雙方努力化解才如期展出。不過，經過這場風波，藉翠玉白菜加強台日關係的「原味」，已變調走味。

「翠玉白菜風波」，從「大」方面看，是台、日、中三角的敏感神經被觸動及挑起。馬英九總統的「抗日情結」發作，把宣傳品的「國立」，上綱到國格尊嚴層次；中國介入的陰影若隱若現，馬政府對日方提出激烈抗議，甚至發出「最後通牒」，要日方限期改正。

從「小」處看，翠玉白菜風波顯示台灣人與日本人做事態度的差異。台灣故宮、日本東博簽有展出合約，雙方依約行事，本無問題。協辦單位日本媒體印製的海報沒標示國立，日方認為非屬合約範圍，無違約問題，台方原也未在意，並未精準掌握問題，當小問題被鬧大，成了大問題，處理就很棘手。

翠玉白菜風波這面鏡子映照的，正是台灣、日本、中國因地理及歷史因素所形成的三角關係與愛恨情仇。但是，當民族的歷史恨仇飆高，人民間的好感沒完全消亡也會立即隱沒。

一個重大的新變數則是中國崛起。當中國擺出稱霸東亞、爭霸天下架式，三方複雜糾結的關係，很容易被化約成原始部落的「友、敵、陌生人」。三方不可能是陌生人，身為小國的台灣，在日中兩大之間，將被迫選擇誰敵誰友。目前台灣內部隱然出現親中抗日、聯日美抗中兩條路線之爭，對抗如激烈化，對台灣的未來恐怕不是吉兆。

最後要提的是，近藤先生是「有心人」，對日、台、中都心懷感情，以國為鏡，以民為鏡。宏願應是三國相互為鏡，互諒互解，取長補短，去病強身，逢凶化吉，人民可以獲得最大福祉。至於他對台灣太陽花學運、對中國天安門事件的第三者眼睛觀點，如果你不認同，就當做旁觀的另一面鏡吧！

推薦——

「日本病」值得參考

朱文清（台北駐日經濟文化代表處顧問兼台北文化中心主任）

一九八三年我第一次奉派到日本服務，到現在總共來回五次到日本工作，總計在日本停留超過二十年，看過日本高度成長的盛況，也經歷了日本泡沫經濟崩潰，銀行倒閉、整併的金融危機。

在台灣沒有捷運及高鐵的年代，看到地鐵跟新幹線都好羨慕。日本電車準時且班次密集，尖峰時間每二到三分鐘就有一班地鐵，大家排隊上車，井然有序，車站及車內用敬語的日語廣播，讓我感覺這個國家與我們真不一樣。

有一次陪家鄉一位長輩從她的旅館搭電車到我住的便宜榻榻米公寓，一進門她就說住日本真好，我問她為什麼？她說在電車上看到日本人有禮貌，講話用敬語（她懂日語）聽起來很舒服。

後來因為工作關係，我經常陪台灣的記者採訪日本各大公司，對日本公司上下一體的團隊精神及高度效率深深佩服。那時豐田汽車就採用所謂的「看板式」生產方式，用Just in time的方法減少庫存、等待、運送，及不良品等高效率管理方式，到今天豐田汽車已成為全球唯一年產超過一千萬輛的大車廠。

當時有位台灣女記者一直與日本記者爭辯為何日本人那麼有共識（consensus），至今仍令我印象深刻。日本記者敏感地聯想到共識就是像戰前軍國主義一樣全民動作一致，於是努力撇清說沒有什麼共識不共識；但台灣記者只是單純想要瞭解日本公司為何那麼有團隊精神，為何那麼願意為公司效命而已。在我看來雙方真有很深的認知差距。

本書作者近藤大介先生中文流利，對中國、台灣雙方瞭解甚深，由於母親在台出生，外曾祖父曾是台北車站站長，對台灣懷有特別的感情，因此，他筆下的台灣很有效率，屬於「馬上行動」的社會。他批評日本許多公司得了「日本病」，上上下下都在逃避責任，錯失良機。中國員工則缺乏團隊精神，而台灣融合中國的中華文明及日本文化，會臨機應變，處理事務非常有效率，在台遇到兩位高階媒體人對他的臨時請見立即回應使他感動萬分。對台灣的誇獎讀者應該會很開心，但是否如此，就請各自解讀。他根據實地工作經驗對中國員工的描述十分精采透澈，台灣的員工是否也有類似之處呢？讀者應該也很清楚。至於他指出某些日本公司的「日本病」，我認為是作者愛之深責之切，看到那些世界知名強大的日本公司竟然淪落到經營危機甚至要被收購的地步而發出的警語，這部分很值得台灣企業管理階層參考。

我一直認為日本人對國家利益、公司利益向來很清楚，終身雇用制雖然逐漸鬆動，但是「以社為家，以社為榮」的精神仍然廣泛存在。作者以其實際觀察提出的兩面鏡子，就像孔子所說：「三人行，必有我師焉。擇其善者而從之，其不善者而改之。」相信讀者能從本書獲得很多啟示。

台灣版序——

母親的故鄉

對我而言，台灣，是「母親的故鄉」。

話雖這麼說，其實我的母親是道地的日本人，她於日本統治台灣時期在台北出生。不僅母親，母親那邊的家人也幾乎都在台灣出生。直到一九四五年日本戰敗為止，母親一家人都住在松山機場附近。

當時我的外曾祖父是台北車站的站長，外婆則在台灣銀行服務。因此，我從幼年時期，就聽著母親、外婆細數在台灣生活時的美好回憶而長大。米粉等各種「夜市小吃」，更是母親及外婆的拿手菜。

二十多歲時，我第一次造訪「母親的故鄉」。當時花了一個星期，走遍台北的大街小巷。因為不論哪一條街道，都令我覺得充滿母親一家人的回憶。有時候，當我迷了路在街上攤開地圖，總會有台灣人以流利的日文主動協助。台灣人真的充滿溫情。此外，就是國立故宮博物院非常迷人！

完全對台灣著迷的我，之後曾經好幾次往返台中、高雄等地。成為記者後，主要是為了採訪而到台灣。我曾經採訪過李登輝、陳水扁、馬英九這三位總統，也曾和《中國時報》有合作關係。

我認為台灣文化是巧妙融合了台灣既有的文化，以及中華與日本文化之後，發展出的獨特「結晶」。不正是台灣人巧妙地以現代精神呈現出日本平安時代就被視為理想的「和魂漢才」嗎？

得知本書將要在這樣的台灣出版時，我除了興奮，也感到些許緊張。本書原本是為了不太嫻熟日本文化的中國讀者，以淺白的方式來論述中、日兩國的文化差異（簡體中文版書名為《中國缺什麼，日本缺什麼》）。在中國上市後，廣受好評，曾登上Kindle電子書排行榜，名列第六。此外，我還接受了五十多家中國媒體的採訪。

這一次本書要呈現在早已成功「合成」中日文化的台灣讀者面前，究竟會產生什麼樣的評價呢？我的心情有如即將面臨考試的學生般緊張。

不過，另一方面，若能讓台灣讀者感受到少有的「從日本人的角度看中國樣貌」，我深感榮幸。同時，對於願意嘗試讓本書在台灣問世的野人文化，也致上我衷心的謝意。

今年四月下旬，我造訪了春光爛漫的台北，並為台灣讀者重新撰寫了當時思考的專章：〈台灣缺什麼？不缺什麼？〉。我希望以後有機會多多訪問台灣，與台灣

的朋友交流。（卓惠娟／譯）

近藤大介

二〇一四年夏天寫於東京

第四章 日本缺什麼：年輕人的力量

第五章 中國缺什麼：細膩的技術

第六章 日本缺什麼：廣闊的世界觀 227

第七章

第一章

中國缺什麼：優質的服務

與日本相比，中國的服務業發展相對緩慢。我認為這與「服務就是金錢」的商務哲學沒有滲透到中國人的心中有關。

在日本服務業的觀念中，如果服務品質提高，營業額就會成比例增長。反之，如果服務品質哪怕是有一點點下降，都會立即收到顧客的投訴，營業額也會隨之一落千丈。因此，所有的日本商家都在為提升服務品質而努力不懈。

首都機場服務效率差，讓旅客彷彿深陷「中國炒菜鍋」

北京首都國際機場，是日本人來到中國首都北京時看到的第一張「中國臉」，而我卻習慣把它稱為「巨大的中國鍋」。之所以有這樣的稱呼，是因為每當我走下飛機，眼前就立即出現白色的巨型空間，讓我感覺好像走進了一口巨大的中國炒菜鍋。

在這口「大鍋」裡，數以萬計的人像是被水煮開的豆粒般，向四面八方移動。據統計，二〇一二年北京首都國際機場的總客流量已經達到了九千三百萬人，這個頗具大國之風的數字使其無愧於「世界最大機場」的稱號。

不僅如此，這口「大鍋」裡還瀰漫著一股濃濃的黃土地氣息，於是，我身上的每一個細胞都頓然覺醒——

「啊！從今以後我也成為這泱泱大國的一分子了。」

沿著機場內的通道緩緩移動，前方等待著旅客的是「入境檢查處」——彷彿「豆粒」被廚師從鍋裡撈起來試味道一樣，在我看來，那裡就是鬼門關。

首先，旅客會「遭遇」日本人無論如何都想像不到的、如同長龍一樣的隊伍。我最久曾經等待過五十分鐘。

「煮了這麼長的時間，無論多麼新鮮的豆粒也應該煮爛了吧?!」排隊等待的時候實在沒事可做，我只好一邊在心裡默默抱怨著，一邊向前張望。前方的入境檢查處和我之間大概只隔了十位旅客，我可以清楚地看到工作人員的一舉一動，索性觀察起來。

「這些大廚的身手也太慢了吧！」

工作人員的緩慢動作，讓我感覺自己正在看調成「慢動作」的影片。

相較之下，日本成田機場或者羽田機場入境檢查處，工作人員的身手才真正像在廚房裡忙碌的中餐名廚：迅速將護照翻到印有旅客照片的那一頁，過機掃描驗證，在空白處蓋上入境日期，然後將護照遞還旅客。整個過程僅僅持續十秒左右。而且在最後「遞還護照」時，工作人員一定會將護照的正面對著旅客，同時面帶微笑。十秒的時間意味著工作人員每分鐘可以完成五至六位旅客的入境檢查，所以，即使前面還排著二十多位旅客，最多也只需等候三至四分鐘。

看到入境檢查處工作人員如此敏捷的身手，剛來到日本的外國人無不感歎：

「日本人的服務做得真棒！」

當然，耳聽為虛，眼見為實。如果您有機會來日本旅行的話，請務必親身感受一下。

與日本的機場相比，北京首都國際機場的情況就截然不同了：等候的隊伍像一條長蛇般緩緩前進，沒有人知道自己究竟要等到什麼時候。

過了很久，終於輪到我了。可是，接過護照之後，工作人員竟像在過濾罪犯一樣，上上下下打量了我半天，然後反覆地比對護照上的照片。一絲反感在我的心裡掠過：為什麼不能給我一個陽光般的笑臉呢？

一提起「陽光般的笑臉」，我就不禁想起北京奧運上的禮儀小姐和京滬高鐵上的「高姐」。在此之前，我曾在電視節目中看過中國的禮儀小姐用牙齒咬著一根橫置的筷子，努力練習「微笑」的畫面。要是日本的電視台播放這些畫面，估計全部的日本人全部都會笑趴吧。

人，難道必須藉由這樣的臉部表情練習才能展現笑容嗎？對日本人來說，置身於服務業中的人「笑迎賓客」是非常自然的表現。就像走路的時候，邁出了左腳之後一定要踏出右腳一樣，不需要猶豫。可是，為什麼中國人要這麼煞費苦心地「練習微笑」呢？

把話題轉回機場。幾經周折，入境檢查處的工作人員終於在我的護照上蓋了章。可是，還沒等我邁步，對方又下達了一個命令：「請按按鈕！」——從「非常滿意」、「滿意」、「時間太長」、「態度不好」四個按鈕中選出一個按下。

後來我才知道，在北京奧運開幕之前，北京市展開了「提高禮儀素養」活動。北京首都國際機場為了配合這次活動，制定了類似「服務評價」的規章制度。而且，不僅是機場，銀行、辦公大樓的商務服務中心等等地方都採取了相同的做法。

對於這種「服務評價」，我們這些剛來到北京的日本人非常抗拒。作為日本人的常識之一，「機場的工作人員以讓對方『非常滿意』的態度面對人生地不熟的外國旅客」是理所當然的事情。而在中國，旅客必須要透過「按鍵」對工作人員的服務態度做出評價，這真是太不可思議了。

仔細地想一想，不難發現這樣的規章制度完全是根據「提供服務方」的需要而被制定出來的。換句話說，機場方面規定「獲得一百個『非常滿意』評價的工作人員給予一百元的獎金」之類的制度，希望以此來提高工作人員的禮儀素養。

正是因為如此，雖然工作人員工資的增減和外國旅客沒有任何直接關係，但是每位旅客都要被迫完成這種麻煩的按鍵選擇——對於剛剛經歷漫長飛行、早已身心疲憊的旅客來說，這無疑是額外的負擔。

服務的根本原則應該是「一切從客人的角度出發」。面對已經精疲力竭的旅客，工作人員應該盡量減少他們的等待時間和負擔；對於剛剛來到外國的旅客，工作人員更應該理解他們不安卻又無可奈何的心情，笑臉相迎。這才是「服務」！

所以，我最終決定鋌而走險——不按按鈕。可是，令人意想不到的是，工作人員竟然自己伸出手指，在「非常滿意」的按鈕上按了下去。我頓時愕然！

在北京首都國際機場還有更不可思議的事情，那就是在入境檢查處工作人員的背後還有兩位官銜似乎很高的「監督員」坐鎮。好不容易通過了「鬼門關」，我的視線竟又「不幸」地和兩位表情凝重的「監督員」對上了。他們眼神犀利，嚇得我不由得向後退了一步。

入境檢查處的工作人員必須表現出令人「非常滿意」的態度，這是理所當然的。但是，為什麼還要煞有介事地在他們背後安排兩位「監督員」呢？估計經歷了這一切之後，那些第一次來到北京首都國際機場的日本人的腦海裡，已經滿滿都是問號了吧？

在北京首都國際機場，出口處沒有放置行李車的情況也是屢見不鮮。向機場的工作人員詢問哪裡有行李車時，得到的答案往往是「不知道」。即便有幸找到行李車，行李車的狀態也令人感到非常無奈。有的行李車向前推卻不向前直走；有的輪子磨損得十分嚴重，以至於就像煞車被鎖死了一樣，根本推不動。對此，我十分納悶，明明有這麼多輪子故障的行李車，為什麼沒有維修人員來修理一下呢？

帶著滿心的疑問，「豆粒」終於離開了「巨大的中國鍋」，迎來了「裝盤」的時刻。然而，再次讓人意想不到的是，「裝盤」也不容易——在通往計程車搭乘處的電梯前依舊排著長龍般的隊伍，等很久也輪不到自己。終於輪到自己的時候，還要被捲入「搶車大戰」。

在「中國臉」——北京首都國際機場剛剛下機，我們這些日本人便體驗到與日本大相徑庭的「服務」。其實，與其在機場裡擺放兵馬俑的模型或是懸掛萬里長城的壁畫，還不如稍微提高一下服務品質。服務品質提高了，外國人自然會對中國留下美好的印象。然而，可惜的是，事實並非如此。

北京計程車司機令人大嘆：「這裡就像不在地球上。」

走出航廈，上了計程車之後，日本人再次感受到文化差異所帶來的衝擊：告訴司機目的地，卻得不到任何回應。這是因為司機正在收聽廣播相聲，而且音量全開。

如果日本的計程車司機做出類似的事情，乘客可以立即撥打「計程車現代化中心」的投訴電話。只要一通電話，這位計程車司機當天就被解雇。

為什麼會這樣？因為乘坐計程車比乘坐公車或者地鐵的費用高很多，也就是說，乘客支付了高額的費用購買服務。付了這麼多錢卻得到如此惡劣的服務，這是任何乘客都絕對無法接受的。

從總體上而言，雖然日本的計程車司機以老年人居多，但是每位司機首先都必須儀容整潔，以給乘客留下良好的「第一印象」。當被告知目的地時，司機必須面帶微笑地詢問乘客：「我們走哪條路比較合適呢？」如果司機不知道乘客的目的地在哪裡，就必須使用導航系統進行定位，然後在得到乘客的確認之後才能出發。

同時，為了保證乘客身心舒暢，如果是夏天，司機會問乘客：「您喜歡將冷氣開到什麼程度？」如果是在冬天，則會詢問暖氣的強弱程度。不僅如此，司機出於對車內乘客安全的考慮，不會突然加速，不會急剎車，在十字路口轉彎的時候會減速慢行。到達目的地之後，司機會先轉過身來面對乘客，說：「感謝您的搭乘！請不要遺忘隨身攜帶的物品。」然後仔細確認乘客有沒有遺忘物品，最後與乘客點頭道別。

在這一連串的過程中，司機必須保持自然的微笑——對於日本的計程車司機來說，這儼然就是「常識」。

所以，從這樣的國家來到中國的日本人，會對自己在中國的「計程車體驗」感到格外震撼。順便說一句，在北京和日本籍朋友一起吃飯的時候，有關對計程車不滿的話題是禁忌——如果所有人都說出對北京計程車的不滿，那麼僅此一個話題就夠我們聊到深夜了。

我曾經在北京住了三年，如果要問我對北京的計程車服務有什麼不滿，我有信心就這個話題寫到這本書的最後一頁。

其實，北京的計程車司機也的確有其苦衷。例如：日趨嚴重的交通堵塞、居高不下的油價、便宜到不能再便宜的里程表起跳費十元人民幣（約新台幣五十元）、數量無止境的乘客……所以，對於司機常常掛在嘴邊的那句抱怨：「真沒法兒幹了！」我十分理解。北京東邊有一條名叫「百子灣」的馬路，那裡是計程車司機們的「小憩之地」。無論您什麼時候去那裡，都能看到司機們一邊互相發著牢騷，一邊吃飯的身影。

但是，即便如此，計程車司機的服務品質也不應該差到這種地步啊。對於像我這樣在北京生活的時間比較長，已經「融入」北京的外國人來說，這種服務多少還能接受；可是對於那些不會中文的日本遊客來說，由這種服務所帶來的「衝擊」還是十分強烈的。

那是在二〇一二年夏天，我回日本之前發生的事情。一位日本作家老友來北京旅遊，我義不容辭地擔任他的嚮導。他說：「比起旅館，我更想瞭解一下北京普通家庭的樣子。」於是某天下午，我邀請他來到我位於北京東邊「中國國際貿易中心」附近的住處。恰好那天我們又和北京外國語大學的教授約好了共進晚餐，所以需要去北京的西邊。我提議說：「因為這附近很難招到計程車，我們提前兩個小時出發吧！」可是作家朋友卻遲遲不肯動身：「從地圖上看，不就三十分鐘左右的車程嘛！」

礙於我的再三催促，我們終於提前一個小時出發。果然不出我所料，到處都沒有空車。我的作家朋友一邊說著「真是難以置信」，一邊執著地站在大馬路邊招手攔車。在東京，對於計程車蕭條的生意，我們經常感歎「客人一招手，十輛空車隨之而來」。想必在這個時候，東京的馬路上一定不會塞車吧。

等了很久，終於有一輛車在我們附近停下來。車裡的乘客剛下車，立即有包括我在內的三個人同時衝過去，並且爭執起來：「我先攔的！」、「家裡有孩子正等著我呢！」……可是，司機向我們三個人說了一句：「我肚子餓了，不載了！」然後誰都沒載，逕自開走了。我把對話原原本本地翻譯給這位作家朋友聽，他雙腿一軟，差點癱坐在地上。

過了一會，又有一輛計程車停在十字路口附近。乘客下車之後，車依然停在原地不動。陸續有很多人準備上車，司機都用一句「我不去！」直接拒絕了。但是，看到其他的計程車好像都沒有要停車的樣子，我只好硬著頭皮上前和那輛車的司機商量。

走到了計程車旁邊，我先用日本式的禮儀向司機深深地一鞠躬，然後說：

「司機先生，麻煩您了，請您送我們去北京外國語大學。」

「我不去！」

「您可千萬別這麼說啊。今天晚上，這位從日本遠道而來的著名作家要在北京外國語大學舉行一場演講（我說謊了！）。這是一場紀念中日邦交正常化四十週年的演講，預定有一千五百多人出席。為了中日兩國的友好，請您無論如何送我們一程吧。」

「長安街和三環哪裡都堵，去不了！」

「哪條路都行，您選一條好走的吧。從南二環繞過去都行。」

「那也只有五、六十塊錢，不去！」

「那和去機場一樣，我付您一百塊。」

「開空調還得耗油，我不划算啊！」

「空調錢我們出，再多給您十塊。」

就這樣，我和朋友終於坐上車。可是剛一開車，司機就非常不耐煩地唸叨起來：「真是不想去啊！」而我的作家朋友也極為不滿地抱怨：「我們才是客人吧！」看他的樣子像是想要把司機揪起來似的。我趕忙勸說：「下車之前，還是別說話了！」不僅如此，一路上，車子每開出一公里，我就討好般地向司機先生道謝：「真是太謝謝您讓我們上車了！」——因為我擔心要是被迫在中途下車的話，那可就前功盡棄了。

就這樣，我們最終還是及時到達北京外國語大學，趕上了晚餐之約。在用餐過程中，這位日本作家不停地抱怨北京的計程車，直到最後還不忘嘟囔一句：

「這裡就像不在地球上！」

在我看來，北京的計程車在服務方面的欠缺只不過是暫時的。回想十年之前，上海的計程車也是如此。一旦司機看出我不懂上海話，他們就明目張膽地帶著我繞遠路，而且不論問他們什麼，他們都是一臉茫然不知的表情。在上海的那段時間我不知道和計程車司機發生過多少次爭執。

後來，在二〇一〇年上海世博會前後，我又多次去上海出差。但是，這幾次上海之行，每次都讓我深深感動。當我在虹橋機場下了飛機，走向計程車搭乘處時，遠遠地就能看見一輛輛嶄新的計程車停在指定的位置等候著客人。司機彬彬有禮的態度，比東京的司機有過之而無不及。不懂中文的乘客與司機交流時，可以藉由車載電話，免費獲得英文或日文的同聲傳譯服務。

正是因為親身經歷了這樣的變化，所以我對五年之後北京的計程車服務品質抱有很高的期待。

「這裡就像不在地球上！」

朋友的這句話讓我回想起自己第一次來北京的時候，當時我也常把這句話掛在嘴邊。

我第一次來北京是在一九九一年春天。當時，我的一位表兄在北京語言學院（現名北京語言大學）進行為期一年的留學生涯，我正好藉此機會到北京玩了一週。

表兄到當時的老舊北京機場接我。剛一見面，他就告誡我：

「我得提前告訴你一句話：來了中國千萬不要生氣。知道嗎？」

「為什麼不要生氣呢？」

「因為你要是生氣的話，就是自討苦吃。」

表兄的話說完還沒一個小時，我就理解其中的深意。從機場到市區，要換好幾次公車，而且每次都是破破爛爛的車。不僅如此，途中，公車還陷入路面的坑洞裡。這個時候，司機竟然轉過身向車裡的乘客喊道：「趕快下車，一起推車！」面對此情此景，剛剛從日本來到中國的我頓時瞠目結舌——原本應該享受服務的乘客竟然要去推車！日本絕對不可能發生這種事情！當然，公車拋錨之類的情況，我在日本也從來沒有見過，所以不知道日本的司機會如何處理。

後來我們換乘另一輛公車。途中，那位司機來了個緊急剎車，停車之後，大搖大擺走下車。誰知車內的乘客竟然不生氣，所有人都耐心地等著司機。耐不住性子的我催促會說中文的表兄：「問問他們，司機去哪了？」表兄問周圍的人，然後告訴我：「好像司機說他餓了，去吃個飯再回來！」

雖然剛到北京不到一個小時，可是我已經快氣瘋了。後來我才知道，在當時的中國，根本沒有「服務」這個概念。那一次，完全不會中文的我在北京停留了一週。回日本的時候，我僅僅記住了兩個中文單詞——「沒有」和「不知道」。

在北京的餐館裡，點菜單上寫著的菜名，服務生回答：「沒有！」在長安街上，向十字路口附近的店老闆問路，對方回答：「不知道！」無論去哪裡，無論問什麼，身邊的中國人都會回答我「沒有」、「不知道」，所以即使不用表兄翻譯，我也理解這兩個詞的含義。

直到今天，我還能經常回想起在北京停留的那一週裡，我是怎樣一邊歎氣，一邊抱怨：「這裡就像不在地球上！」

北京奧運之後，中國已放棄成為「服務業大國」嗎？

近二十年的時光一晃而過。從二〇〇九年的夏天開始，我成為我所任職的日本出版社駐北京分公司的代表。北京，竟然成了我的工作地！

到北京之後的第二天下午，我去了一趟北京最大的書店。

我乘坐地鐵到達距離書店最近的車站。剛準備從自動檢票口出站時，紅燈隨著警報聲亮起，擋板將我攔住，試了好幾次都無法出站，於是我開始向站內的一位女站員抱怨。

「這張卡用不了，假的吧？」女站員對我的「公共交通卡」看了兩眼，並向我投來懷疑的目光，然後將卡扔還給我。

「這是我半個小時以前才買的卡，剛儲值了一百啊，怎麼可能是假的呢？」雖然我做出了解釋，但是她似乎決定裝聾作啞，對我的話充耳不聞。

這是何等的欠缺服務意識啊？要是東京地鐵站的工作人員看到這個情況，一定會當場暈倒。萬般無奈之下，我跟在一位乘客的背後，趁他出站後檢票機的擋板還沒有關上的間隙，衝了出去。

在書店裡粗略地看一圈，我最終挑選十多本書。走到一樓入口處旁邊的收銀台準備結賬時，我發現這裡儼然就是一個戰場——很多人擠在收銀台前，把各自購買的書排放在收銀員的面前，嘴裡還不停地喊著：「輪到我了！輪到我了！」

擠了半天，終於輪到我了。當我遞上信用卡，收銀員竟然說了一句和剛才地鐵站裡的女站員一模一樣的話：「這張卡用不了，假的吧？」然後把卡扔給我。我彎腰撿起被扔在地上的信用卡，並把它和另一張卡再次遞過去。結果，另一張卡還是無法使用。於是，收銀員把卡再次扔回來，然後開始為下一位顧客結賬。我趕緊在一旁解釋：「剛才我在旅館用過這張卡，沒有任何問題。」

「不行就是不行！」對方吼了一句。

無計可施的我只好用身上僅有的現金結賬。之後，對方以繩子將我購買的書捆起來，然後「砰」一聲將書重重地扔到我面前。

「沒有袋子嗎？」

「給你，五毛（約新台幣兩元）一個。」

收銀員接著「扔」出了一個塑膠袋。

我一邊把書裝進那個不知道什麼時候被弄壞的塑膠袋裡，一邊想念起與這個書店有著天壤之別的東京書店。

在東京的書店，店員一定會詢問顧客：「你希望如何為您將書包起來呢？」自明治時代開始，「書籍是個人財產的一部分」這個意識在日本人的腦海裡根深蒂固，所以買書的時候，習慣把每一本書都仔仔細細地以「包書紙」包裹起來。當然，如果買好幾本書的話，書店會免費為顧客提供手提袋。下雨的時候，為了不讓書淋濕，店員還會在手提袋外面再罩上一個塑膠袋。

一九八九年大學畢業之後，我一直在出版社工作。剛開始上班的第一個月，我被派到一家書店當實習店員。那家書店每天早上九點開始營業，但是所有店員必須七點上班。在這兩個小時裡，每位店員都要一張一張地仔細準備好幾百張「包書紙」。

書店的店長教導店員：**「書，首先承載著作者的靈魂，其次承載著讀者的靈魂。所以必須精心對待！」因此，我們會特別認真地包好每一本書，然後再交給顧客。**

離開書店後，我感覺肚子有點餓了，於是走進書店隔壁的一家麵館。我點了一碗韓式泡菜拉麵，可是等了十分鐘之後，服務生端上來的竟然是一碗牛肉拉麵！

無論從哪個角度分析，碗裡的麵都不是韓式泡菜拉麵。我對服務生說「上錯了」，不料得到了一句硬生生的回答：「等一下！」之後，我雖然望眼欲穿，卻再也沒有看到那個服務生的影子。

因為半天都沒有被撤下去，所以這碗牛肉拉麵在我的眼皮底下慢慢地泡發了。於是，我向另一個服務生抱怨了幾句，結果，他冷冰冰地回了我一句：「這事不歸我管，我不知道。」

口裡嚼著已經完全泡發的牛肉拉麵，我想起前一天晚上一位中國攝影師朋友說的話。

二〇〇九年七月，「禁止中國人個人赴日旅遊」的禁令解除後，我這位喜好新鮮事物的攝影師朋友立即到東京旅遊。我問他：「對東京的印象怎麼樣？」他做出了這樣的回答：

「要說印象最深的，當然是深夜裡日本麵館的服務了。雖然已經到了深夜，但是麵館裡依然坐滿了客人。在店門口才等了一會兒，就有服務生走出來招呼我，他對我說『您裡邊請』，然後把我帶到一張比較靠裡邊的座位。還沒等我坐下，另外三個服務生就立即從不同的方向走過來，把前一位客人使用過的盤子收走，並把桌子擦得乾乾淨淨。你們日本可真稱得上是服務業大國啊！」

聽到這樣的評價，我感到十分吃驚——我的中國朋友竟然對這種理所當然的、瑣碎的事情感到驚訝！

因為手上拎著十多本書實在很重，所以吃完麵之後，我決定搭計程車回家。不巧的是，計程車都停在馬路的對面，於是我戰戰兢兢地穿越這條沒有交通號誌的馬路，走到一輛計程車旁，告訴司機目的地。

「我不知道這地方！」司機回答道。

「從國貿向東開五百公尺左右……」我剛開始解釋，司機就立即打斷我的話：「我只往西走！」

「您這車不是北京市內正常營運的計程車嗎？為什麼不往東走呢？」

「不去就是不去，你另外找輛往東走的車吧！」

「在這裡不是不好招車嗎？麻煩您啦。」

「這我可管不了！」

「麻煩您跑一趟吧。」

「不去！」

「麻煩您跑一趟吧。」

「不去！」

……最終，我還是眼巴巴地目送這輛空車揚長而去。

後來，我舉著手在路邊等了將近半個小時，終於有一輛計程車停在我的面前。

坐在副駕駛座上的乘客剛下車，我就迅速地鑽進後座。「我去國貿附近的……」還沒等我說完，司機就冷冰冰地給了一句相同的回答：「不去！」

接下來，我們的對話又陷入了無止境的迴圈。

「麻煩您跑一趟吧。」

「不去！」

「麻煩您跑一趟吧。」

「不去！」

……最後，我只好擺出了一副無賴的架勢——「您要是不去，我就不下車！」

車內一下子安靜了。過了一會兒，司機狠狠地抱怨了幾句，然後發動了車子。一路上，他嘴裡一直唸唸有詞，不停地抱怨。那個時候，我真是特別後悔——要是我沒有學過中文，該有多好啊！聽不懂中文，我就能當他在哼歌，自己也不必生氣了。

車剛開過國貿，司機就一腳緊急剎車，把車停在路邊。「再往前走，不好掉頭，你就在這裡下吧！」

「可是從這裡到我的目的地起碼還有一公里吧？」

「不能再往前開了！」

「您再往前開一點吧。」

「開不了了！」

「您再往前開點兒吧。」

「開不了了！」

……經過又一輪討價還價後，我再次使出殺手鐧：「您要是不往前開，我就不下車！」

無奈之下，司機再次妥協了。只是這次他一邊開車，一邊故意提高了嗓門繼續抱怨。到了目的地之後，他竟然要求我額外多付十塊錢。我沒有理會他的話，只是按照計費表上顯示的金額付了錢，然後一言不發地下車。

哎呀，我本來只是想對北京的計程車發「幾句」牢騷，不料一不留神就寫了這麼多。其實，我想說的重點是，在那短短兩個小時的時間裡，我在北京的地鐵站、書店、麵館，還有計程車裡，竟然遭遇了如此令人不愉快的「服務」！難道經歷了北京奧運之後，中國已經不再追求成為「服務業大國」了嗎？

日式便利商店的宗旨：服務，就是讓顧客得到滿足

在來北京工作之前，我已經在日本學習了一定程度的中文以及中華文化。但是，從我到達北京的第二天開始，我就感受到如此強烈的「文化差異」。於是我開

始擔心，要是那些根本不懂中文、一點也不瞭解中國文化的日本人突然來到中國，他們該如何應對呢？

「這裡就像不在地球上！」這樣的描述，對於很多誤以為「狹長的日本就是地球的全部」的日本人來說，絕不是誇大其詞。

那麼，對於日本人來說，「服務」究竟是什麼呢？在日本，「便利商店」可謂是服務業的表率。以下就透過日本最大的便利商店連鎖企業7-11（7-ELEVEn），來瞭解一下日本服務業的精神。

7-11這個品牌名稱於一九四六年確立，原本屬於美國南方公司（Southland Corporation）。一九七四年，日本零售業經營者伊藤洋華堂將7-11引入日本，並於當年在日本東京都江東區開設了「7-11一號店」。

在一九七四年之前，日本超市的營業時間僅為早上十點至晚上七點。後來，7-11考慮到上班族和公司白領階級的上下班時間，將營業時間調整為早上七點至夜裡十一點，這也成為了7-11品牌名稱的來源。

在那個年代，我住在位於東京北郊的埼玉縣浦和市。一次偶然的機會，我發現「7-11二號店」竟然就開在我家附近。不過，對於這家店，當時包括我母親在內的很多鄰居都持反對意見：這家店一直營業到深夜，一定會成為不良少年逗留的場所，破壞附近街道的風紀。另外，店門口擺放著很多已經做好的「便當」，這就省去了家庭主婦們親自下廚的工作，造成「不良主婦」日益增多。

當大家得知，從法律的角度無法關閉這家7-11時，附近的家庭主婦們就立即行動起來——輪番站在店門口，呼籲顧客不要進店購物。其實，之所以會有這樣的事情發生，只是因為當時的日本家庭主婦沒有「服務」這個觀念，不知道「服務」即將讓世界變得更加便捷而已。

雖然大人們極力反對，但是，當時還是小學生的我們都站在7-11這一邊，因為無論什麼時候去7-11，都能站在店裡免費看漫畫、雜誌；而且在開店之初，7-11還免費提供孩子們最喜歡喝的可口可樂或是雪碧。所以，小學生漸漸養成了一個習慣：放學後去7-11。

在7-11裡，不光有漫畫、雜誌，還有各種文具和點心，而且商品類型都在不斷增加。雖然店鋪的面積不大，但是裡面擺滿了孩子們喜歡的東西。店長還經常一邊分杯裝可樂給我們，一邊問：「小朋友，你們覺得這裡還要增加什麼東西比較好呢？」我們七嘴八舌地回答：「我想要飯糰！」、「我想要自動鉛筆！」……過幾天，我們說的這些東西，全都出現在貨架上。

不知道從什麼時候開始，大家都稱呼我們這一代為「便利商店第一代」。雖然當時便利商店的主要顧客都是孩子，但是每家便利商店都一絲不苟地實踐著一種精神——服務，就是讓顧客得到滿足！

後來，7-11發展速度之快，可以用「奇蹟」二字來形容。從一九七五年開始，逐漸推行「二十四小時營業」；引進兩年後的一九七六年，店鋪數量達到一百家，一九八〇年達到一千家，一九八四年增加至兩千家，一九八七年三千家，一九九〇年四千家，一九九三年五千家……二〇〇三年一舉突破一萬家。

二〇〇四年，7-11終於在北京市東城區的東直門附近開設了「北京一號店」。第二年，也就是二〇〇五年，日本7-11公司成功收購美國7-11總公司。

截至二〇一二年九月為止，7-11在日本國內擁有店鋪一萬四千七百八十三家，中國一千八百八十一家，在世界十六個國家和地區的店鋪數量已經達到了四萬八千〇九十七家。營業額從一九七四年的七億日元（約新台幣兩億五百萬元）增長到二〇一一年的三兆兩千八百〇五億日元（約新台幣九千六百億元）。當年我想要的「飯糰」，如今在全世界的銷量已經超過十五億個。

作為7-11招牌商品的「飯糰」在剛引進中國的時候，還引起一場聲勢浩大的討論。「飯糰」起源於十六世紀的日本戰國時代。在交戰的過程中，日本人為了隨時可以吃東西，就把米飯捏成圓形，在上面放上梅乾或是鹹菜，撒上鹽，然後以海苔包裹起來帶在身邊。所以，作為「應急食品」的飯糰本來就應該直接吃，不需要加熱。

但是，中國人除了吃冷盤之外，基本上都是吃溫熱的食物。於是，「是否要在中國賣飯糰」就成為了熱議的話題。

但中國人就是聰明，想到了把飯糰放到微波爐裡加熱之後再出售的好辦法。於是，問題迎刃而解。當然啦，要是看到中國7-11裡的店員把顧客的飯糰塞進微波爐裡加熱這一幕，估計所有不明就裡的日本人都會大吃一驚。不過，這就是所謂的「入鄉隨俗」嘛。

當您走進日本的7-11，您就會深切地體會到，什麼才叫作「服務」。狹小的店內擺放著四千多種商品，不但各種日常必需品一應俱全，而且所有的商品都出現在最合適的位置。

比如，所有的7-11都把報刊雜誌架擺放在最靠門口的位置——根據顧客資料統計，來7-11裡買雜誌的人往往就只買雜誌，所以這種設計能夠讓來買雜誌的顧客無須進入店鋪中央，進門之後就能立即買走雜誌。再比如，為了不讓每天都來買便當的顧客吃膩，7-11每週都會更換便當的種類。在老年人居多的地區，為了便於老年人咀嚼，7-11專門出售菜色相對較軟的便當，而不出售餅乾之類的堅硬食品。如果突然下雨的話，7-11就會立即從倉庫搬出五百日元一把的低價雨傘，擺在門口出售……

在收銀台，店員會用心關注所有顧客的性別和大致年紀。什麼年齡的顧客在幾點左右買了什麼東西，在他們心中一清二楚。根據這些記憶，他們就會知道，比起飯糰和瓶裝的茶，清早急匆匆趕來的上班族更喜歡三明治和罐裝咖啡。於是，為了提升營業額，他們在一大清早就會準備種類繁多的三明治和大量的罐裝咖啡。

另外，除了出售一般商品，日本便利商店的服務還延伸到其他領域。比如，店內有銀行的自動提款機，受理快遞及郵政業務，代繳水電瓦斯費，代購電影票、音樂會門票，受理書籍更換等等。

每個日本便利商店的店員都有極高的服務能力。比如，顧客進入便利商店裡要購買便當和罐裝咖啡。首先，店員會面帶微笑地鞠躬致意「歡迎光臨」。接著會仔細地詢問顧客：「您的便當需要加熱嗎？」、「您需要免洗筷嗎？」等等。如果得到的回答是「需要加熱」，那麼，店員就會立即將便當放入微波爐中加熱。

接下來，店員會將顧客所購買的商品進行「分裝」——加熱過的商品放在茶色塑膠袋內，常溫的商品放在白色塑膠袋內。然後，還會將幾個袋子的提手捲在一起，以雙手遞交給顧客。

如果需要找零，店員會習慣性地把零錢、紙鈔按照便於顧客確認的方向排列，然後一一清點，再遞到顧客的手上。另外，便利商店裡的工作人員會經常去銀行換新鈔，所以找零時，顧客絕不會收到舊鈔。

最後，顧客離開時，店員會再次面帶微笑地鞠躬致謝：「感謝您的光臨，歡迎下次再來！」

可以說，日本人的「服務精神」就濃縮在這短短幾分鐘的時間裡。這種精神是日本人在過去近四十年的時間裡，不斷改善、不斷提高的成果。曾經有一段時間，我的妹妹也在7-11打工。她說店裡的員工會經常召開「店內會議」，來研究如何提高服務品質，以促進營業額的增長。

其實，不僅是在便利商店，其他種類的連鎖店，尤其是連鎖餐廳和連鎖酒館，一般也會在每天開始營業之前和營業結束之後，兩次召開這種「店內會議」。

早上，在距離營業時間還有一小時的時候，召開三十分鐘左右的「朝禮」：先由店長向所有店員宣布前一天發現的問題、當天的注意事項、需要向顧客說明的事項，並對新品進行說明。然後，所有人一起高喊口號：「今天我們一起繼續努力！」

晚上，打烊之後，召開「反省會」：所有人集中在一起，首先由店長通報當天的營業狀況，然後由每位店員報告自己在接待顧客的過程中發現的問題，以及今後必須改善的地方。最後，所有人再次高喊口號：「明天繼續努力！」

二〇一二年夏天，我去泰國首都曼谷出差時，遇到了一件令我非常震撼的事情。一天晚上十點左右，由於快到打烊的時間了，我從一家商場裡快步地走出來。這時，耳邊突然傳來了一句日語：「接下來召開今天的反省會！」

我環顧左右，發現這句話是從一家日本迴轉壽司店裡傳出來的。這家店的店長是一位日本人，正向站在他面前的二十多個泰國店員通報今天最受歡迎的菜色。在他身旁，站著一位泰國女士，正在將日語翻譯成泰語。店長說完之後，二十多個泰國店員開始一個接一個地報告自己在當天的工作中發現的問題。我不禁感歎，這位日本的店長竟然將日本式的「朝禮與反省會」的精神帶到了泰國。

北京便利商店需加強員工訓練，提升服務品質

回到剛才關於7-11的話題。與日本的7-11相比較，北京的7-11服務品質如何呢？正巧，在我北京公寓住處的一樓也開了一家7-11，於是我決定去親身體驗一下。

當我走進這家7-11之後，沒有任何一個店員對我說「歡迎光臨」。不僅如此，店門口堆積了大量剛剛從卡車上卸下來的商品，嚴重堵塞顧客進店的通道。

我拿了一盒便當到收銀台結賬，卻發現收銀台沒人。「結帳！」我喊了一聲。聽到我的喊聲，一個店員悠閒地走過來。

我遞上一張百元紙鈔。店員接過我的錢，然後直接塞進驗鈔機——他竟然從一開始就懷疑顧客，這令我感到十分震撼。確認完真假之後，他把找回的零錢「砰」一聲扔在我的面前。我仔細一看，無論是十塊還是二十塊的紙幣都是破破爛爛且骯

兮兮的舊鈔。

我對他說：「這份便當，請幫我加熱一下。」他竟然沒有說話，下巴一抬，示意我看入口的方向。順著他下巴指示的方向，我看到門口放了兩部又髒又舊的微波爐。打開其中一部，一股異味撲面而來——看來是很久沒有清理了。

從進去到出來，我沒有看到店員對顧客點頭致意，也沒有聽見任何一句寒暄。

後來，我又去了那家7-11幾次，每次都感覺店裡的服務和日本根本沒法比。壓抑了很久之後，我終於「一不留神」向一位女店員抱怨起來。

「這家7-11是日本7-11的分店吧？你們能稍微向他們學習一下服務方面的知識嗎？」

結果，這位女店員以極為刺耳的聲音反問我：

「你知道我一個小時賺多少錢嗎？才十三塊（約新台幣六十三元）！就這麼點錢，憑什麼要我學啊？」

聽了她的話，我頓時啞口無言……

又一天晚上，我一邊和日本朋友以手機通話，一邊走進了這家店。等我掛斷電話之後，收銀台裡的一個男店員問我：

「你是日本人吧？」

「是啊……」

「你就住這附近吧？」

「是的，我就住在樓上的公寓裡。」

「我求你一件事。下回你回日本的時候，幫我帶幾張蒼井空的盜版光碟回來。我是她粉絲，可是最近在北京很難買到日本的AV光碟。」

我再次啞口無言……

再補充一句，日本7-11裡的監視器主要用於監視顧客。但是，北京7-11裡的監視器，從安裝的位置來看，總讓人覺得不只監視著顧客，同時還在監視著自己的員工。

「黑貓宅即便」到府收件、隔天送達，掀起服務業革命

同樣以服務聞名的，還有一家被譽為「日本服務業標兵」的運輸公司——以「黑貓宅急便」而廣為人知的日本大和運輸公司。

一九一九年，一位名叫小倉康臣的日本人創建了一家名為「大和運輸」的公司，以四輛卡車為位於東京日本橋的三越百貨公司運送商品。一九七一年，小倉康臣的兒子小倉昌男出任社長。不幸的是，由於受到全球石油危機的影響，大和運輸公司遭遇了嚴重的經營危機。

為了度過難關，一九七六年，小倉昌男打破運輸行業長久以來的「B to B」（企業對企業）和「B to C」（企業對個人）的經營模式，在日本開創了名為「宅急便」的「C to C」（個人對個人）模式。而「宅急便」這個名字的發明者就是小倉昌男。

在「宅急便」出現之前，日本的「C to C」運輸被郵政省所壟斷。但是，由於從事運輸工作的人都是「吃皇糧」的公務員，對工作沒有一絲一毫的責任感，所以，郵政省經常被顧客投訴「遲遲收不到包裹、包裹只被運送到附近的車站或者郵局、包裹在運送過程中被損壞」，麻煩不斷。

就在這個時候，大和運輸公司以「作為委託人的代理人，我們將認真對待每一件貨物」為理念，向廣大消費者推出了「宅急便」業務。

直到今天，我還記得第一次體驗「宅急便」業務時的感動。有一次，我準備寄一個包裹給遠在老家的父親。把東西裝進紙箱並封好箱口之後，如果是按照以往的方式透過郵局郵寄，我就得用自行車馱著紙箱走到郵局。但是聽說「宅急便」只需打一通電話，工作人員就能上門取件，於是那一次我將信將疑地撥了電話。不到三十分鐘，一個大和運輸公司的年輕人來到我家。「我們一定將這個包裹平安地送到您的老家。」年輕人向我深深一鞠躬，然後拿著紙箱走了。運費竟然比郵局便宜許多——我心中一陣竊喜。不僅如此，在寄出包裹的第二天，我就接到父親從老家打來的電話：「收到包裹了！」我簡直不敢相信自己的耳朵──以前每次透過郵局，可都要花上一個禮拜啊！

就這樣，「黑貓宅急便」在全日本掀起了一場聲勢浩大的「服務業革命」。然而，面對「黑貓宅急便」的異軍突起，被搶占了市場的日本郵政省和運輸省竟然以「民營企業擾亂國營企業」的罪名，對大和運輸公司施加了種種壓力和限制。但是，大和運輸公司每次都不屈不撓地打出「為了提高對國民的服務品質，我們一直在努力」的形象廣告，有時甚至對簿公堂。

一九七六年一月，剛剛面世的「黑貓宅急便」的每日平均收件數僅有二十件。但是，在短短五年後的一九八一年，「黑貓宅急便」的每月平均收件數就突破了一千萬件，一九九三年突破一億件。

其實，大和運輸公司的了不起之處，在於能夠一直不斷地「提升服務品質」。一九八三年，推出提前將滑雪用具送至滑雪場的「滑雪宅急便」；一九八四年推出提前將高爾夫用具運送至高爾夫球場的「高爾夫宅急便」；一九八六年推出「貨到付款」業務；一九八八年推出不解凍運送冷凍食品的「清涼宅急便」，以及在夜間配送的「夜間宅急便」；一九九二年推出「兩小時內配送優惠服務」；一九九七年推出「文件、信件配送」業務。

從二〇〇六年開始，大和運輸公司推出聯繫日本和海外各國的「國際宅急便」。二〇一〇年在中國上海和新加坡設立物流中心。據說從二〇一三年開始，該公司還將推出日本與亞洲各國間往來郵件次日送達的「亞洲宅急便」。

二〇〇五年，小倉昌男社長逝世，享年八十歲。在他去世之前，我曾拜訪過位於東京築地的大和運輸公司總部，並在社長室裡向小倉昌男先生進行長時間的採訪。在採訪過程中，我問小倉社長：「貴公司能夠如此發展壯大的祕訣是什麼？」他回答說：

「祕訣就是從顧客的角度出發，竭盡全力地探求服務的真諦。只要能夠提供顧客所期望的服務和可以接受的價格，我們就能發展壯大。」

採訪結束後，我請求影印小倉社長為了接受採訪而準備的公司資料。他對我說：「請您稍等一下。」然後走到社長室旁邊的辦公室裡，親手一張一張地影印起來。

作為擁有十萬名員工的公司的領導者，年近八十高齡的小倉社長竟然沒有命令祕書或是下屬為他影印資料，這讓我感到十分驚訝。我問他：「您為什麼不讓祕書或是下屬為您影印呢？」他回答：「複印是我力所能及的事情。我希望我的下屬能夠把這些時間用在思考如何提升對顧客的服務品質上。」聽到老社長這樣的回答，無限的敬意在我心中油然而生。

二〇一一年，大和運輸公司的年營業額高達一兆兩千六百億日元（約新台幣三千七百億元），職員人數多達十四萬兩千八百一十三人——這就是一個企業憑藉著「提高服務品質」而實現的發展壯大。

體認「服務就是金錢」，將使中國服務業高速發展

與日本相比，中國的服務業發展相對緩慢。我認為這與「服務就是金錢」的商務哲學沒有滲透到中國人的心中有關。

在日本服務業的觀念中——上文提到的便利商店堪稱典型——如果服務品質提高，營業額就會成比例增長。反之，如果服務品質哪怕是有一點點下降，都會立即收到顧客的投訴，營業額也會隨之一落千丈。因此，所有的日本商家都在為提升服務品質而努力不懈。

反觀中國，商家首先關注的是商品的銷量，至於服務是好是壞，幾乎從不在意。

再舉一個身邊的例子。在我北京公寓住處的一樓，不但有7-11，還有一家名為「味多美」的麵包店。店裡的人氣商品是一種叫作「德國奶油」的麵包，每個售價人民幣五元（約新台幣二十五元）。如果售價為十元，那麼顧客會覺得價格太高，放棄購買。如果麵包的味道不好，即使售價仍為五元，估計也沒有顧客會買第二

次。所以，正是因為味道鮮美，而且價格適中，這種「德國奶油」才成為熱門商品。

不過，要是在日本，除了「味道」和「價格」之外，還會加上「服務」這個衡量標準。說得極端一點，如果味多美的服務品質不高，那麼，無論「德國奶油」的味道有多好，價格有多便宜，日本人都不會去光顧第二次。

雖然在北京定居的三年裡，我多次「光顧」這家味多美，但是，以一個日本人的標準來說，我實在無法味著良心地將它的服務品質打及格的分數。例如，在顧客排著長隊伍等待結賬的時候，收銀台裡明明有兩位店員，可是其中的一個就直愣愣地站在原地，什麼也不做；收銀機經常出現故障；收銀員拒收一百元紙幣；店員站在通道上進行工作，阻礙顧客的通行；顧客在即將打烊時進店購物的話，往往會遭到一聲怒斥：「關門了！」……

當然，我偶爾也能遇到店員的態度發生轉變，那就是穿著一身黑西裝的「店長」在店裡的時候。店員不是看顧客的臉色，而是看「店長」的臉色工作，這恐怕是因為他們怕被店長「扣分」從而被扣工資吧。唉，這樣怎麼能提高服務品質呢？

正是因為店員總是處於這樣的工作狀態，所以從味多美裡傳出的顧客和店員的吵架聲不絕於耳。如果要是在日本，這種「商品價格適中，味道不錯，但是店員態度極差」的店是絕對沒有顧客光顧的。但是，我家樓下的這間味多美竟然每天都門庭若市。就連前幾天早上被店員罵得灰頭土臉的女顧客，今天早上又心平氣和地進去買麵包了。這一切在日本人看來，真是太不可思議了。

順便說一下，我之所以堅持每天早上去味多美，其實全是因為店裡播放的背景音樂。每天早上，「味多美」店裡都響徹著在我年輕時風靡整個日本的瑪丹娜、奧莉薇亞．紐頓強的金曲。聽完兩三首這樣的歌曲之後再去上班，我感覺一整天都精力充沛。這才是高品質的服務！不知道味多美的店員是否意識到了這一點。

不僅7-11、味多美這種規模不大的店鋪服務水準不高，就是一些高檔商場的服務品質也難以讓人滿意。

中國的商場和日本的差不多，但是服務品質完全不一樣。日本的商場有一種不成文的規定，就是「客戶在上，店員在下」的互動關係。日本商場裡有這樣一句話：客戶是神。意指客戶是付錢的一方，所以像神一樣。因此日本人在中國商場購物時最受不了的，是付錢的時候。

二〇一二年夏天，東京總公司的廣告部長來北京，他出差目的是考察北京商場化妝品種類的情況。我陪他去了一趟北京著名商業區「西單」的商店街。在一座商場，他看了不少的化妝品，看完後他說：「我要這個系列的化妝品。」我對服務生翻譯了他的話，服務生給我一張紙條說：「去收銀台付錢！」我把這句話翻譯給廣告部長聽，他吃了一驚說：「我是客戶，為什麼要去收銀台？」這事如果發生在日本，店員當然會拿著客戶的現金或者信用卡去收銀台，因為客戶是「神」，不必跑來跑去。我把廣告部長的話翻譯成中文，店員先是一臉莫名其妙的表情，然後開始和廣告部長吵架，最後我對廣告部長說：「入鄉隨俗吧！」

二〇一三年的新年我又一次來北京，好多商場裡有「元旦折扣」，所以我在一家商場的三樓買了床單。

店員說：「去七樓的收銀台付錢。」

「為什麼要去七樓呢？」

「因為我們剛從七樓搬到三樓沒多久，收銀台還在七樓。」

新年的商場裡人山人海，我到七樓付完錢再回到三樓拿東西要將近半個小時。我敢說，假如在日本的商場裡出現這種「服務」，隔天肯定會上報，而那家店也會立即「關門大吉」。

當然，也不能說「中國就沒有服務」。有一次，我和一位負責出版美食書籍的北京出版界的編輯聊天。她告訴我：「近藤先生您是日本人，對日本的『服務』十分瞭解。其實，在中國也有一家以『提供一流服務』為宗旨的餐飲連鎖店，正在迅速崛起。」她口中所說的這家店就是「海底撈火鍋」。

「那麼，我請客，你帶我去那家店吧。」

「好啊！」

於是，我就和這位編輯一起去吃了四川火鍋——海底撈。

因為正好趕上中午的「飯點兒」，所以店裡滿滿的全都是客人，門口也有很多人坐在椅子上排隊等候。在等待的過程中，我們品嘗到這家店免費提供的大麥茶，有的顧客還在使用店方提供的電源和充電器給手機充電。

我流覽了一下這家店的簡介——一九九四年，原四川省簡陽市拖拉機廠職員張勇在他的老家開設了第一家海底撈。後來，海底撈以其為顧客提供前所未有的「貼心、溫心、舒心」服務而大受好評，公司規模也越來越大。截至二〇一二年夏天，海底撈在北京、上海等全國十五個大城市擁有六十八家分店，員工人數達到了一萬四千人。二〇一二年七月七日，在二〇一二（第六屆）中國餐飲產業發展大會上，中國烹飪協會聯合中國商業聯合會以及中華全國商業資訊中心發布「二〇一一年度餐飲百強企業榜單」，海底撈榮居第十五名。

看到這樣的簡介，我頓時食欲大增。不過，吃完之後，我覺得火鍋的味道雖然不錯，但是並沒有給我留下什麼極為深刻的印象。至於「服務」，這家店也的確提供了一些：顧客擦手的濕毛巾乾了之後，立即更換；為了防止濺出的火鍋湯汁弄髒顧客的手提包，在手提包上罩上外罩；為帶寵物的顧客照顧寵物；為腿腳不好的老年顧客提供輪椅；為顧客保管沒喝完的酒以供下次繼續飲用等等。

看到這些，與我共進午餐的中國編輯顯得十分感動。不過，對於我這個日本人來說，這不過是「我從小就看慣了的極為理所當然的情景」罷了。

當然，海底撈的成功充分證明了「服務就是金錢」的商務哲學在中國同樣可行。如今，「八十後」和「九十後」們大多數是獨生子女，他們已經逐漸成為了消費者群體裡的「中堅力量」。作為「奢侈的一代」，他們在付錢的同時，無疑會更加注重與金錢相對等的服務。因此，我堅信，中國的服務文化必將實現高速發展。

第二章

日本缺什麼：責任感

在世界各大家電製造商之間越發激烈的競爭中，企業想要生存，只有兩條路可走：在品質保證的技術下，降低產品價格；持續開發獨具魅力、無法被對手所模仿的產品。

日本的家電製造商選擇遊走在兩條路之間，然後眼睜睜地看著顧客漸漸遠離。即便如此，他們依然保持死板的組織，依然沉浸在「曾經成功」的餘韻中。這就是典型的「日本病」。

「你們日本人，為什麼要花這麼長的時間來決定一件事？你們到底有沒有一點責任感？是不是真的打算重建公司？」

二〇一二年八月三十日下午，位於大阪的夏普公司堺市工廠裡傳出了怒吼聲。三年前，夏普投入了四千兩百億日元（約新台幣一千兩百三十億元）的資金，設置了這間具有每年生產六百萬塊以上六十吋液晶顯示器能力的世界頂尖工廠。此時此刻，在這間大型工廠的特別接待室裡響徹著鴻海科技集團董事長郭台銘的怒吼聲。鴻海科技集團——台灣最具代表性的精密儀器生產商，在中國以「富士康」為名，為美國蘋果公司代工iPhone與iPad等電子通訊產品。如今，該集團在中國境內有一百二十多萬員工，年產值高達十兆日元（約新台幣三兆），是日本夏普公司的四倍。

面對郭台銘的斥責，夏普總裁奧田隆司及其管理團隊就像被老師訓斥的小學生一樣低著頭，默默不語。

「我最後再說一遍！接不接受我們的要求！你們最好負起責任，趕快考慮清楚！」說完這句話，郭台銘立即動身前往關西國際機場，搭乘私人飛機離開了日本。對於他的突然離去，等候在工廠會見室內的一百多位媒體記者面面相覷，不知如何是好。

在那之前的兩週，也就是二〇一二年八月中旬，日本東京的市谷地區發生了大規模的搬遷。

自豪的液晶技術被對手模仿，夏普面臨經營困境

聽到「市谷」這個地名，東京人一般會想到兩個地方：一個是統領了二十五萬自衛隊的日本防務省，另一個就是位於防衛省東側，好像一直窺視著防衛省一舉一動的夏普公司總部大樓。八月中旬，夏普總部裡的工作人員低調地陸續搬出大樓。夏普原本計畫於今年九月在這幢大樓裡舉行慶祝公司成立一百週年的大型慶典活動，但是由於赤字的不斷增加，別說是舉行慶典了，就連這幢價值高達四百億日元（約新台幣一百一十七億元）的總部大樓也難逃變賣的厄運。不僅如此，夏普在賣樓抵債的同時，還發布了涉及五千餘名員工的大規模公司重組方案。

作為日本最具代表性的電機製造商，夏普在二〇一二年三月的財政決算（日本公司的會計年度為每年四月至次年三月）中出現三千七百六十億日元（約新台幣一千一百億元）的營業赤字。這一數字無情地證明了一點：繼二〇一二年第一季出現一千三百八十四億日元（約新台幣四百〇五億元）的赤字之後，夏普的業績仍在加速下滑。雖然夏普的股價一度攀升至每股兩千六百日元（約新台幣七百六十元），但是如今已經暴跌至一百六十日元（約新台幣四十七元）。再加上一兆兩千五百二

十億日元（約新台幣三千六百七十億元）的有息債務，夏普必將在一年之內面臨破產。

回想起來，夏普至今已經走過了整整一百年的輝煌之路。二十世紀初，日本人開始「棄穿傳統和服，改穿西裝」，從而使能夠固定西褲的皮帶需求量迅速擴大。於是，在一九一二年的九月十五日，年僅十九歲的見習金屬工匠早川德次審時度勢，與兩位好友在東京本所區創立了一家製作「皮帶頭」的公司。而這家公司就是夏普公司的前身。

後來，早川德次於一九一五年發明了可以自動送出筆芯的「早川式自動鉛筆」（也就是在這一年，早川德次開始使用「夏普」作為自己公司的名稱和產品的品牌名）；一九二五年生產日本第一部國產收音機；一九五三年製成日本第一部國產電視；一九六二年推出日本第一代國產微波爐；一九六四年成功研製世界上第一部電子計算機；一九七三年將「液晶」由理論製成了實物；一九八〇年研發出錄影機；一九八二年研發出電腦電視；一九八七年推出具有電話簿、行事曆、記事功能的「電子記事本」；一九九二年推出液晶螢幕VIEWCAM；二〇〇一年推出液晶電視「AUQOS」……一個個高新技術產品的相繼問世讓夏普公司的產品銷量直線增長。二〇〇八年，夏普曾自豪地向世人宣布公司的年銷售額已經突破三兆日元（約新台幣八千八百億元）。

但是，經歷了輝煌之後，夏普彷彿掉入了深淵一般，產品銷售額急轉直下。液晶製品、手機終端以及太陽能電池被譽為「夏普三大王牌事業」，然而這三大曾經占夏普總銷售額七成左右的王牌事業竟然全部背負巨額赤字——由於受到亞洲各國的技術追趕和成本競爭力低迷的影響，夏普公司的液晶製品和太陽能電池兩大事業的赤字分別達到了四百二十二億日元（約新台幣一百二十四億元）和兩百一十九億日元（約新台幣六十四億五千萬元），手機終端事業也因對智慧型手機的研發進度緩慢而出現了六十一億日元（約新台幣十八億元）的赤字。

其中，在液晶電視方面，夏普在全球市場的占有率由二〇〇一年的八十．五%跌至二〇一二年的五．一%；二〇〇六年時，世界首屈一指的夏普太陽能電池事業如今幾乎要在國際市場上銷聲匿跡；二〇一一年第一季度銷量達到兩百一十萬支的夏普手機也在二〇一二年同期下降到了七十七萬支；二〇〇四年依靠世界最高尖端工廠「夏普龜山工廠」的帶動而繁榮起來的三重縣龜山市，如今儼然變成了一座空城。

如此的大起大落真是令人跌破眼鏡。那麼，作為支撐起日本這個被稱作技術大國的國家長達一百年之久的支柱型企業，夏普，究竟發生了什麼事？

我的一位記者同事就夏普的現況採訪了該公司前副總裁佐佐木正。現年九十七歲高齡的佐佐木先生是夏普公司資格最老的前輩，早年與夏普創始人早川德次先生齊心協力奮鬥多年。同時，他是鴻海郭台銘董事長的父親的小學同學；又因為他慧眼識珠，發掘了昔日名不見經傳的孫正義（現為日本軟銀公司總裁），並資助其一億日元（約新台幣三千萬元）而備受世人矚目。

據佐佐木先生回憶，一九八〇年夏普創始人早川德次先生在彌留之際把他叫到病床前囑咐說：「我希望夏普能夠不斷開發出讓競爭對手爭相模仿的商品。」對於這句臨終遺言，佐佐木先生做出了這樣的解釋：

「多年來，夏普不斷領先推出諸如收音機、電視機、微波爐等等同時代最尖端的產品。雖然過不了多久，這些產品就被以松下為代表的競爭對手所模仿，致使夏普產品的銷量大幅下滑，但是在早川總裁看來，**被他人模仿恰恰證明了夏普產品的優質，所以這應該是夏普值得驕傲的事情。而且，即使某一個產品被模仿，夏普可以馬上推出更優質的新產品。就是依靠著這樣不停地推陳出新，公司才有可能獲得持續發展**。

「但是，進入二十一世紀之後，液晶產業的發展突飛猛進，夏普的經營團隊卻不以為然，甚至將經營方針調整為『以第一無二為目標』。『獨一無二』意味著夏普將集中力量專攻當時被譽為世界最尖端的液晶技術。不言而喻的是，這種做法恰恰與夏普創始人早川德次先生的理念背道而馳。

「**無論當時夏普的液晶技術有多麼先進，但是迫於眾多競爭對手的爭相模仿，**

夏普產品被超越只是時間問題。然而令人感到遺憾的是，當時的夏普並沒有意識到這一點—他們不但安於現狀，而且放慢了開發多種新技術、不斷推出新產品的腳步。因此，今時今日的夏普淪落到了如此悲慘的地步。」

對於公司的現狀，佐佐木正先生的話語顯得格外沉重。其實，仔細分析一下不難發現，夏普患上了典型的「日本病」。更為準確地說，不僅是夏普，松下、索尼等等眾多日本企業都是嚴重的「日本病」患者。

被鄧小平引進中國的松下電器股價暴跌

二〇一二年十月三十一日，日本松下電器公司總裁津賀一宏帶著一臉剛剛痛哭完的表情，出席了公司「九月決算記者會」。

「本公司二〇一二會計年度（二〇一二年四月～二〇一三年三月）的最終損益為『負七千六百五十億日元』（約新台幣兩千兩百四十億元）。這是我公司繼上一會計年度虧損七千七百二十一億日元（約新台幣兩千兩百七十四億元）之後，第二年出現大幅虧損。

「出現這一狀況的原因在於，數位家電產品的銷售狀況極為不佳。不得不承認，在數位家電這一領域，我們輸得一敗塗地。這不是正常的狀態。現在，必須先清楚地認識到，我們並不是一家處於正常狀態的公司，然後才能繼續向前發展下去。」

新會計年度最終損益結果一經公布，松下電器公司的股票價格立即出現波動。十一月一日，該公司股價跌至每股四百一十四日元（約新台幣一百二十二元），比前一交易日下跌了一百日元（約新台幣三十元）。同時，這一價格也成為松下電器公司在近三十七年又八個月之內的最低股價。如果您現在掏四十元人民幣（約新台幣兩百元）購買一股松下的股票的話，那您還能拿到找回的零錢。這在過去根本無法想像。

二〇一一年，松下電器公司的年銷售額高達七兆三千億日元（約新台幣兩兆一千五百億元），公司員工總數多達三十二萬一千八百九十六人。可是，到了二〇一二年，這個曾經被譽為「日本最大的家電製造商」的松下電器已經淪落到在死亡邊緣苟延殘喘的地步：公司的招牌產品「太陽能電池」在歐洲乃至世界各地的銷售業績都十分「低迷」；「鋰電池」也因為不具備與外國企業相匹敵的競爭力，背負了巨額的赤字。二〇一〇年，松下電器公司以八千億日元（約新台幣兩千三百五十六億元）的價格成功收購了三洋電機。但是事與願違，這一項收購並沒有為公司帶來任何的收益，反而為公司加上了另一個沉重的負擔。

「新會計年度最終損益為負七千六百五十億日元（約新台幣兩千兩百四十億

元），松下電器公司總裁津賀一宏淚灑記者會」。當這個消息迅速地傳遍日本大街小巷的時候，我正在位於東京六本木的中國大使館，和一位中國的外交官朋友談笑風生。對於松下的現狀，他感慨良深：

「一提起『松下』兩個字，我就會立即想起那個在中日邦交正常化之後，鼎力支援中國經濟建設的日本松下電器公司。在那個年代，為了實現自身的經濟發展，中國迫切需要像松下那樣深受人民喜歡的日本企業的幫助。可是轉眼間，松下這樣的企業也已經步入垂暮之年，不得不感歎時代發展的迅速啊。」

一九七八年十月二十三日，當時的中國國家副總理鄧小平訪問日本，參加《中日和平友好條約》批准書交換儀式。

儀式結束之後，鄧小平親自視察了日產汽車公司位於座間市的工廠，以及新日本製鐵公司位於君津市的工廠。之後，他又專程乘坐新幹線前往大阪，視察松下電器公司位於茨木市的工廠。

在工廠內，鄧小平誠懇地對松下電器公司創始人松下幸之助董事長說：「希望貴公司能夠協助中國發展經濟。」隨後他又保證將在靠近北京市中心的東北部地區為松下準備一塊廠房用地。後來在這塊土地上建成的，就是日本企業在中國境內的第一家工廠、專門製作彩色電視機映像管的松下（北京）工廠。中國好像也就是從那個時候開始，全面實施「改革開放」政策。

有一次，我和松下電器公司中國區總負責人（副總裁）聊天。他告訴我：

「當時沒有人想到，在中國這片土地上會出現這麼多的大宗商務貿易。我們只是認為，既然中國的國家領導人向松下尋求支持了，那我們就在中國開工廠吧。當然，開工廠不求盈利，只要能把投資的本錢賺回來就行。可是，我們無論如何都沒有想到的是，工廠剛剛開設不久，我們就回收初期的投資。所以，後來我們毫不猶豫地繼續追加投資，擴大生意。現在，我們派往中國的日本員工已經超過了一千人，同時我們從中國市場獲得的利潤已經達到了公司總利潤的十四％。」

二〇〇八年五月，當時的中國國家主席胡錦濤訪問日本時，也專程拜訪了松下電器公司總部，並再次對松下表達謝意：「俗話說『喝水不忘掘井人』，松下電器公司就曾幫助中國『掘井』，並對中國的經濟發展有極為重要的貢獻。」

二〇一一年，我也去參觀了那個被譽為「日本企業在中國境內的第一家工廠」，松下（北京）工廠的舊址。可是抵達之後，我看到的卻是一片凋敝的景象。昔日的大廠房被分割成了好幾個獨立的空間，幾家中國的小企業在各自的空間裡毫無生氣地運作著。此情此景，讓我不禁聯想起中國唐代詩人杜甫筆下的詩句：國破山河在，城春草木深。

在二〇一二年十月三十一日舉行的「九月決算記者會」上，日本松下電器公司總裁津賀一宏做出了這樣的總結：

「本公司將全面停止在捷克和馬來西亞的電視機生產線。明年四月，公司將把原有的八十八個部門縮減為五十六個，同時裁撤女子羽毛球部和男子籃球部。為了迎接二〇一八年松下創立一百週年，我們會全力奮鬥！」

屈指算來，松下電器在公司創立一百週年的節骨眼上，僅僅兩年的時間就背負了一兆五千億日元（約新台幣四千四百億元）的赤字！我想，要是已故的松下幸之助先生得知這個消息，估計他老人家在九泉之下也不會安息吧。

夏普與索尼為什麼在市場上節節敗退？

時隔一天的二〇一二年十一月一日，夏普公司召開了記者會，發布九月決算。記者會上，夏普公司總裁奧田隆司帶著一臉的愁容對外宣布：

「根據今年三月期的決算，本公司在上一個會計年度內出現三千七百六十億日元（約新台幣一千一百億元）赤字。我們已經制定了計畫，準備在本期將這一數額減少至三百億日元（約新台幣八十八億元）。但是，到明年三月的決算期，我公司預計還將背負四千五百億日元（約新台幣一千三百二十五億元）的赤字。」

這就意味著，在原有的一兆兩千億日元（約新台幣三千五百二十億元）有息債務的基礎上，夏普公司還將在兩年內背負高達八千兩百億日元（約新台幣兩千四百億元）的赤字。但是，夏普公司的自有資本比例僅為九．九％到十％，也就是說夏普擁有的資本僅僅為兩千億日元（約新台幣五百八十九億元），大致等同於公司一個月的營業額。所以，夏普真的已經到了「無論何時破產都不足為奇」的危險時刻了。

在二〇一二年十一月一日的記者會上，媒體對夏普公司總裁奧田隆司提出了一個又一個尖銳的問題。

記者：是「拖延問題」的企業體制導致夏普淪落到如此悲慘的地步吧？

奧田：我們已經多次下修目標營業額，但是仍然無法實現目標。辜負了大家對我們的期望，我們正在做深刻的反省。

記者：昨天，松下電器公司總裁指出，松下現在是一家「處於非正常狀態」的公司，那麼夏普是一家什麼樣的公司呢？

奧田：夏普擁有許多世界頂端的技術，卻沒有很好地運用這些技術資產，沒有把它們和收益聯繫在一起。

記者：台灣鴻海科技集團提出的收購一事，進展情況如何？

奧田：我們正在和鴻海的高層進行深入的意見交換。

二〇一二年十月，亞洲最大的電子展「CEATEC JAPAN 2012」在日本東京拉開序幕。在展出期間，夏普發布最新型液晶電視，但遭到了各方的詬病。我的記者同事前往展場採訪，回來後，他竟然說「根本看不出（夏普的電視）好在哪裡」。而且，相較於韓國LG同類型電視的十七萬日元售價，夏普竟然開出了三十萬日元的標價。可想而知，夏普的電視怎麼可能賣得出去！

「日本三大數位家電製造商」之一的索尼公司也同樣面臨困境。二〇一二年九月的中期決算結果顯示，索尼的財政赤字已經達到了四〇一億日元（約新台幣九億一千三百萬元）。雖然該公司希望在年終決算時，能夠「時隔五年，再創盈餘」，但是，如今索尼在電視產業方面已經出現了巨額赤字，數位相機的年度銷售量也由一千八百萬部下修為一千六百萬部。所以，索尼希望「時隔五年，再創盈餘」的夢想，極有可能成為南柯一夢。

在二〇一二年九月的中期決算中，日本三大數位家電製造商都遭到了重創。與上一個會計年度同期相比，松下電器公司的營業額縮減二十四％，夏普公司縮減四十一％，索尼公司縮減二十五％。

曾幾何時，一提到數位家電，人們一定會想到獨占世界市場的日本企業。可是，如今日本的數位家電製造商竟然都落得如此田地。這到底是什麼因素造成的？

調整價格並開發被取代性低的產品，企業才有競爭力

其實答案非常簡單。在世界各大家電製造商之間越發激烈的競爭中，一個企業想要生存下去，就只有兩條路可走。其一，在保證一定水準的技術下，同時降低產品價格。韓國三星、ＬＧ，以及眾多的中國企業都選擇這條路。

其二，不停地開發獨具魅力卻無法被競爭對手所模仿的產品。對於這樣的產品，無論價格多貴，都有消費者願意購買。美國蘋果公司就是這條路上的先行者。

可惜的是，日本的三大數位家電製造商沒有選擇走這兩條路，而是選擇遊走在兩條路之間，然後眼睜睜地看著顧客漸漸遠離。即便如此，他們依然保持死板的組織結構，依然沉浸在曾經「成功的餘韻」中無法自拔。這就是典型的「日本病」。

如果有機會接觸日本松下、夏普、索尼公司的員工，您就會發現，他們儼然就是一個個官僚。明明自己公司經營狀況已經惡劣到火燒眉毛的境地，他們卻只考慮自己如何發跡，然後在公司內部展開明爭暗鬥。這些公司曾經都為創造令世人震撼的商品而不斷努力，可是，如今他們都已經偏離了原來的正確軌道，並且在錯誤的路上漸行漸遠。

在「日本三大數位家電製造商」的總裁都一臉苦澀地召開記者會的同時，十一

月一日，韓國三星電子四十三週年慶活動在韓國首都首爾隆重舉行。開幕式上，三星電子CEO權五鉉高調宣布：「我們將進一步提升三星電子在全球的競爭力。」

實際上，目前日本三大數位家電製造商的股票市價總額僅為兩兆日元（約新台幣五千八百九十一億元），而三星電子一家公司的股票總價就已經達到了十四兆日元（約新台幣四兆一千兩百三十九億元）。所以，也許三星並沒有把日本的企業看作是競爭對手。

日本的家電製造商到底能不能走出「日本病」的陰影呢？難道非要到這些企業被他們同在亞洲的競爭對手收購的時候，才能有所改變嗎？雖然這是一個悲觀的看法，但是日本企業的「日本病」的確已經病入膏肓了！

無人敢為新企劃負責，日本企業難創新

「日本病」的本質是什麼？其實就是由「逃避責任」這個日本民族最大的弱點發展而來的公司組織結構僵化、保守化和內向化。而這種病的直接結果就是公司日趨衰弱，並最終倒閉。作為一個從二〇〇九年到二〇一二年一直在北京從事與日中商務往來相關工作的日本人，三年的親身感受讓我可以斷言：如今，為數眾多的日本企業都已身患嚴重的「日本病」。

比如某日本公司企業內部提出了一項新產品企劃。該產品的研發部門製作了說明產品功能的企劃書，描繪一幅「這種新產品一旦上市，必將成為時下熱銷產品，必將大大提升公司營業額」的宏偉藍圖。

但是，當企劃書傳遍其他部門之後，這種新產品將會面臨幾十甚至上百條負面指摘。法律事務部門指出「有因侵害專利權被其他公司提起訴訟的風險」，銷售部門指出「對於是否真的能夠提升營業額，尚存疑問」，財會部門抱怨「研發費用嚴重超標」，宣傳部門指出「看不到廣告效果」，所以大家都不置可否。

換句話說，這份新產品的企劃書最終沒有得到任何部門的支持。之所以會出現這種情況，其原因很簡單。對於公司各部門的負責人來說，最為重要的事情並不是如何將新產品推向市場並提高營業額，而是在新產品銷售狀況不好時，如何避免承擔責任，以及如何讓自己的仕途不會因此受到影響。

由於全公司都採取了「逃避責任」的消極做法，所以很多絕佳的新產品企劃都因此被打入「冷宮」。同時，在這種「不良模式」的循環往復過程中，新產品研發部門的工作人員也漸漸失去了熱情和鬥志，從而導致新產品企劃的數量銳減。然而，儘管如此，全公司依舊不思悔改、我行我素。現在看來，其中的原因可以歸結為一點：「零」產品就是逃避責任的最好方法。

夏普亦是如此。在創辦人早川德次先生去世之後，夏普之所以制定「專攻液晶產品」的經營方針，說到底也是因為公司內部這種「逃避責任」的消極做法：規避研發液晶產品之外的產品所帶來的風險。但是正如前副總裁佐佐木先生所惋惜的那樣，在消費週期如此短暫的二十一世紀，拒絕不斷推陳出新的生產商被市場淘汰只是時間早晚的問題。所以，夏普這位「日本病患者」完全是自己選擇了一條死路，並且還執拗地一路向前奔跑。

另外，一位夏普的幹部透露：「二〇一一年夏天，夏普做出了內部預測——按照當時的發展趨勢，公司二〇一一年年度決算時，將出現前所未有的、高達三千億日元（約新台幣八百八十三億元）的龐大赤字。」預測結果一出，公司高層立即召開多次「緊急應對會議」，但是由於沒有人願意為公司的經營現狀負責，所以在這一次又一次、本應該為商討如何轉虧為盈而召開的「緊急會議」上所確定的，僅僅是下次的會議日程而已。

沒人能忍受老是「尚在研究中」的日本企業

到了二〇一二年三月，已經病入膏肓的夏普終於迎來了「救世主」——鴻海董事長郭台銘。經過雙方協商，鴻海出資六百六十九億日元（約新台幣一百九十七億元）收購夏普九．九％的股權。

鴻海科技集團在經營管理方面，基本上完全由郭台銘全權操控，並下達最終決策。在郭台銘看來，做生意就要遵循「避虛就實」、「數字（利益）大於一切」的原則。因此，雖然沒有自主品牌商品，但是郭台銘僅僅憑著為蘋果、惠普、索尼、戴爾、微軟、ＩＢＭ、諾基亞等公司生產零件，就在不到四十年的時間裡，成功構築了鴻海帝國：子公司深圳富士康公司擁有四十二萬名員工、全球有九十六萬名員工、二〇一一年年銷售額高達九兆三千億日元（約新台幣兩兆七千三百九十四億元）……

一九五〇年，郭台銘出生在一個貧寒的台灣家庭。一九六六年進入「中國海事專科學校」就讀。一九七一年畢業後，進入當時台灣三大船務公司之一的「復興航運」工作。之後，由於黑白電視機逐漸進入台灣市場，所以郭台銘於一九七三年在台北成立了鴻海塑膠企業有限公司，專門生產電視機轉換頻道時所需的旋鈕和按鈕等零件。據說在創業之初，公司僅有十五名員工。

其實，郭台銘的公司能有長足的發展，在很大程度上得益於引進日本技術。一九七七年，郭台銘從日本購回嶄新的精密機械。之後，又以「大量生產高品質低價格產品」的台灣企業經營方式，作為日本和美國企業的產品零件供應商而逐漸壯大。在長期的合作過程中，郭台銘對日本所擁有的世界最尖端技術了然於胸，所以當得知夏普陷入經營危機的時候，他當機立斷地決定收購夏普的技術。

二〇一二年三月，鴻海與夏普之間正式開始交涉，但是直到二〇一二年年末，雙方仍未取得任何實質性的進展。「夏普得的『日本病』竟然有這麼嚴重！」——對於夏普的優柔寡斷，郭台銘董事長雖然有些怒不可遏，卻也束手無策。

一旦和患上了「日本病」的日本企業合作，我相信無論是哪家公司的領導人都會像郭台銘那樣生氣。假設有一位中國公司的老闆向某日本公司提出了一項對雙方都十分有利的合作項目，該日本公司在北京或者上海的分公司收到中國公司的合作意向後，立即向日本總公司的國際事務部報告。這個時候，總公司的國際部會要求分公司提交一份長達幾百頁的企劃書，其中包括：合作專案所涉及領域的中國市場及業界現狀，相關中國法律，合作的中國公司的企業分析，舉出本公司及其他公司的類似先例，中國近期的政治、經濟、社會動態等等。

在北京工作期間，我也多次製作過這樣的企劃書。據我個人經驗，日本企業的分公司要想完成這份企劃書至少需要花上好幾個月的時間。

幾個月後，當分公司將厚厚的企劃書提交給日本總公司國際部之後，國際部就會召開一輪又一輪的會議，然後總結出幾十條甚至幾百條修改意見，最後，國際部會將這些意見連同企劃書一併退還給分公司。如前所述，國際部之所以會這麼做，是因為對於部門負責人來說，「逃避由這份企劃書所帶來的個人責任，防止其為自己的仕途帶來的負面影響」，遠遠比「促成與中國公司的合作，提升公司產品的銷售額」更為重要。

一般情況下，日本公司在中國的分公司與日本總公司國際部之間的拉鋸戰會持續好幾個月。即使最終突破了國際部這一關，分公司還要繼續迎接總公司各相關部門負責人、部門負責人與部門科長、部門科長與部門部長之間的漫長交涉。而且，每經過一輪交涉，相關部門都會提出好幾百條新的修改意見。這是因為相關部門的負責人的想法和國際部負責人的想法一模一樣：與其促成公司與中方的合作，倒不如逃避個人責任、防止其為自己的仕途帶來負面影響。

就這樣，經過了半年多的「交涉」，這份企劃書終於出現在每月一度的總公司董事會上。可是，所有的董事都不關注企劃書是否完美，而是從「如何利用這份企劃為自己牟利」的角度進行「探討」。如果某位董事認為，實施這份計畫雖然可以為公司盈利，卻沒有為自己帶來好處，或者會為自己在公司內的競爭對手帶來更多的好處，那麼他就會毫不猶豫地反對，然後故意提出一些需要延後決定的理由，最終使得企劃書被駁回或者被迫「改日再議」。

誰都知道，沒有哪個公司的老闆會耐著性子等待這麼長時間。而且，更加令人難以忍受的是，無論中方怎樣一遍又一遍地詢問結果，日方的回答都只有一個：「尚在研究中」。所以前文中，面對著瀕臨破產卻仍在「研究中」的夏普，郭台銘會憤怒地離場實屬情理之中。

在北京，我有一位交情甚好的優秀律師朋友。他有日本某著名大學的法學碩士學位，對日本的情況非常瞭解。二〇〇〇年，他從日本回到北京後，一直擔任日本企業在中國分公司的顧問律師。有一次，他歎息著對我說：

「自我成為日本企業的顧問律師那一刻起，我就為了擴大這些企業的收益，從法律的角度出發，提出各式各樣的建議。但是，在和那些從日本總公司派來的日籍總經理打交道的過程中，我注意到，他們的『視線』和我的有些不一致。也就是說，我誠心誠意地為了實現公司的最大利益而提出法律方面的建議，可是，那些總經理竟然對這些『對公司發展明顯有利』的建議說ＮＯ，有時甚至還會做出一些有損於公司利益的決定。

「在很長的一段時間裡，我都無法理解那些日本人的想法。後來，一次偶然的機會，我讀了一本日本推理小說。小說的主角是一位只考慮自己前途的上班族。讀完之後，我恍然大悟——這些日本總經理的人生最大目標也是『讓自己在公司裡出人頭地』，所以對於他們來說，在公司裡最為重要的事情就是『最大程度地逃避有可能對自己的前途產生阻礙的風險和責任』。

「一旦理解日本人心裡的想法，我的工作就變得非常順暢了。從那以後，當我向日本企業提案時，我絕對不會像以前一樣在檔案中寫『我認為某某工程將會為公司帶來最大的收益』，而是直接面見日本總經理，向他說明『根據某某部分的陳述，即使這項工程最終失敗，您也能避免承擔任何責任』。於是，日本總經理立即笑逐顏開，然後拍著我的肩膀說『你真是一位非常優秀的律師』。就這樣，我得到了中國日本商會的高度認可，委託我擔任顧問的日本企業也越來越多了。

「如今，我有絕對的自信能讓日本總經理獲得滿足，但是，站在中國人的角度來看，我算不上一個優秀的律師——因為我並不是一個以『讓公司獲得最大收益』為目標的顧問律師。其實，面對著眾多由我擔任顧問的日本企業，我經常在想：『真是太可惜了，本來可以進一步擴大這些公司的收益的。』」

這位律師的話，可以說是極為貼切地描述了日、中商務往來的現狀。如他所說，在商場上，中國人追求的是「最快、最大的收益」。我想這應該不僅僅是中國人追求的，除了日本人之外，全世界的商人恐怕都是這樣的吧。

對於日本人來說，最重要的事情就是「逃避責任」。正是因為如此，日本企業紛紛患上了嚴重的「日本病」，企業經營舉步維艱。

日文是一種逃避責任的語言

當然，日本人很清楚自己的現狀。要是換成能夠做出合理判斷的中國人，他們一定會想：既然已經找到了病因，那只要盡快治病，不就得了。

但是，問題絕對沒有想像中那麼簡單。「逃避責任」的人生哲學已經成為日本人的核心思想，已經深深地印在日本人的DNA上。所以，這個極度麻煩的問題很難在一朝一夕之間解決。

下面舉幾個簡單的例子。

其一，日本人自古以來說的日語就是一種「逃避責任」的語言。在中文的句子中，「我」、「你」、「他（她）」等主詞一定會出現在句首，所以中文是一種「主體性語言」。而與此相對，日語是一種「客體性語言」。

從二〇〇九年到二〇一二年，我一直在北京的一家日本公司工作。在那段時間，我經常翻看中國公司的董事會會議紀錄，以下這類記述出現的次數很頻繁：

「A董事長和B總經理批准了C議案。」

這句話說明A董事長和B總經理對C議案負有完全責任。

但是，在日本公司的董事會會議紀錄中，卻經常出現這樣的表述：

「C議案獲得了董事會的批准。」

批准議案的是A董事長還是B總經理，還是與會的全體人員？透過這樣的記述根本無法判斷。乍看之下，好像全體與會人員都是負責人，可是實際上卻是「沒有人對C議案負責」。

在北京工作期間，我曾經多次擔任日、中商務談判的翻譯，並從中深切體會到：在這樣的翻譯過程中，最難處理的就是日語中特有的「逃避責任」的表現。每當日、中雙方的代表對桌而坐的時候，就會出現這樣的「無限迴圈式」對話：

日方董事長：向您通報一下，與貴公司的合作專案已經得到了本公司董事會的批准。

中方董事長：也就是說，董事長您批准了，對嗎？

日方董事長：專案是由本公司的董事會批准的。

中方董事長：但是，您就是公司董事會的最高負責人，所以專案還是要得到您的批准嘛。

日方董事長：應該是得到了董事會的批准。

中方董事長：難道，董事長您個人是持反對意見的嗎？

日方董事長：我只能說，是本公司的董事會批准這個專案。

就在這樣「兜圈子」的過程中，中日雙方的代表都逐漸變得急不可耐了。在中方看來，眼前這位日方的董事長好像沒打算遵守合約；而日方也在心裡嘀咕，中方的董事長竟然說出這麼奇怪的話，難道是有意違反合約中的規定？

其實，在日中商務談判中，「雙方圍繞價格問題展開激烈的爭執」才是最正常的狀態。假設一家中國公司準備購買日本公司的精密設備，日方當然希望以盡可能高的價格出售，中方自然希望以盡可能低的價格購入。如果換成日本公司從中國進口蔬菜，情況就完全相反——對於翻譯人員來說，要是遇到了這種直接了當的談判，工作量看似很大，但實際上卻很輕鬆。到最後雙方意見達成一致、握手成交的時候，翻譯人員也會為自己承擔了這份工作而感到高興和欣慰。

但是，萬一遇到剛才那種「圍繞著董事會而展開的日、中談判」，翻譯人員可就要頭痛了。由兩國間的文化差異所導致的衝突，不但會在與商務談判無關的其他方面產生，而且還有可能會對談判造成極大的影響。

所以，每當日、中文化差異將談判拖入危險的僵局時，感覺最痛苦的就是我這個翻譯。一方面，我會遭到日、中雙方的攻擊：就是因為他翻譯得不好，談判才會變得如此混亂；另一方面，我又不可能在談判桌上滔滔不絕地向雙方的董事長解釋日中文化的差異。這真是啞巴吃黃連，有苦說不出。

當然，如果日、中某一方的董事長在平日裡和我的關係非常不錯，我就會從中打圓場，告訴他「中方這麼考慮，其實也沒有什麼惡意」，或者「日方也就是嘴上說說而已，不會對合約造成很大的影響」，這樣就避免了無謂的衝突。

但是，如果談判雙方是我第一次見面的董事長，我就只能說「我沒有譯錯」。另外，根據我的經驗，在翻譯的時候，要特別注意日方的動態。這是因為人們普遍認為，絕大多數中國人都比較「大度」，而日本人比較「小器」。

有一次，我邀請一位「久經戰陣」的翻譯朋友吃飯，順便和他聊了讓我倍感困擾的「因文化差異而產生的翻譯問題」。因為他曾經多次擔任日、中首腦會談的日方翻譯，所以我覺得他一定能給我一些不錯的建議。

結果，他這樣回答我：

「正如你所說的，令我們這些做日本人翻譯的人感到最頭痛的，就是『翻譯的責任』。所以，我會時刻提醒自己，要做一個『不會被追究責任的翻譯官』。而不想被追究責任，最好的方法就是『盡全力把發言人的話忠實地翻譯出來』。只要做到了這一點，即使雙方會因為生氣而導致談判破裂，責任也不會歸結到我們翻譯的身上。」

原來，在日本的翻譯界，大家最先考慮的也是「逃避責任」！後來，他又舉了一個例子，向我說明翻譯人員逃避責任的重要性。

「在一次日、中首腦會談中，患了輕微感冒的日方首腦突然打了一個噴嚏。我立即翻譯剛才的聲音是打噴嚏的聲音。沒想到，會談結束之後，那位日本首腦竟然專程走過來，握著我的手說：『你翻譯得太好了！』其實，他向我表示感謝無非是因為我連他打噴嚏都翻譯出來了。政治家原本就是一些對他人疑心很重的人，但是，當得知我翻譯了他打噴嚏之後，他就會覺得『啊，那個男人一定原原本本地翻譯了我所有的話』。所以，翻譯人員必須要遵守這樣的行事法則，以逃避責任！」

聽完了他的話，我不禁由衷地感歎：「如此完美地逃避責任，果然是專業人士！」但是與此同時，我的心中仍有一絲困惑揮之不去。就連打噴嚏都翻譯出來了——在日本政治家看來，這樣的翻譯官的確值得信賴。可是，對於這樣的翻譯，參加會談的中方代表又會作何感想呢？他們會不會覺得十分費解：「日本這個國家，到底是怎麼回事啊？」所以，上文中提到關於日本總經理的事情也是相同的道理——日本民族這個「逃避責任」的最大缺點讓日本人吃了大虧。

再繼續說點關於「日語」的事吧。日語是一門逃避責任的語言，那麼到底是日語讓日本人變得逃避責任，還是原本就逃避責任的日本人發明了日語呢？這個問題似乎和「雞生蛋，蛋生雞，哪個在前，哪個在後」的問題如出一轍。

我認為，為了逃避責任，日本人從古代就開始持續發明模棱兩可的日語語法。在距今一千年以前，一位名叫「紫式部」的日本女性寫了小說《源氏物語》，全書共計五十四卷，是一部以皇太子「光源氏」為主角、描述日本宮廷生活的長篇小說。同時，這部小說也被譽為「日本古典文學的最高傑作」。

但是，在這部長達五十四卷的《源氏物語》中，所有的句子竟然都沒有出現主詞。所以，讀者只能根據上下文，以及敬語的使用情況來推測每篇文章的主體是誰，每一段對話中的說話人是誰。

雖然這樣的寫作方法讓人摸不著頭緒，但是《源氏物語》這部小說無疑證明了，在古代和中世紀，日本人缺乏「主體」這樣的概念——對於生活在那些時代的日本人來說，「某事被做」比「某人做某事」更為重要。同時，這部小說也證明日本人「逃避責任」的歷史由來已久。當然，對於日本人來說，《源氏物語》能夠像中國的《紅樓夢》那樣描繪出一幅奢華絢爛的宮廷畫卷，這就實屬不易了。

無人敢背負統一日本國名念法的歷史責任

說起日本人「逃避責任的歷史」，就不得不說一說「日本」這個名詞。其實，「日本」這兩個字在我的國家有「にっぽん」（Nippon）和「にほん」（Nihon）兩種讀法，一直都沒有統一。

西元七二〇年（養老四年，奈良時代元正天皇在位），日本最早的正史《日本書紀》編纂完成，書名中赫然出現了國名「日本」二字。

八世紀，中國的盛唐時期，《唐曆》在長安完成，書中也有「大寶二年（七〇二年）日本國遣使來訪」的明確記載。後來，日本的古代史研究學者根據這些古籍中的記載，推測出「日本國」的定名時間大致為七世紀後期至八世紀前期。

可是，關於「日本國」應該讀作「にっぽんこく」（Nipponkoku）還是「にほんこく」（Nihonkoku）的問題，從古至今一直無人確定。其實，歸根結柢，這也是一種「逃避責任」的表現。

為什麼不統一國名的讀法呢?由於沒有類似《國名爭論》的文獻流傳於世，所以日本人無法找到真正的答案。不過，對於這兩種國名的讀音，我個人觀點如下：

假設古代的日本天皇或是某位重臣確定「日本國」的讀法不是「にほんこく」（Nihonkoku）而是「にっぽんこく」（Nipponkoku），那麼，由於這個人確定了國家名字的讀法，那麼他必須背上歷史的重責，而且這個擔子還會一代一代地傳下去。我想沒有人會願意接受這麼沉重的擔子，所以日本國名的兩種讀法就一直流傳了下來。

在聯合國的一百九十三個成員國中，沒有確定國名讀法的國家，恐怕就只有日本了。從某種意義上說，兩種國名讀法簡直就像是一個國家有兩種國旗。這真是一個天大的國際玩笑。

如今，日本銀行發行的錢幣上印著「NIPPONGINKO」的英文字母，日本的公共電視台NHK（日本放送協會）中的字母「N」也讀作「Nippon」。但是日本航空等私人企業，以及日本共產黨等政黨一定會把公司、政黨名稱中的「日本」讀作「Nihon」。換句話說，時至今日，「日本」的兩種讀音都依然存在，而且兩者之間的界限一如既往地模糊。

政府不確定國名的讀法，太不負責任了吧?!二〇〇九年六月，日本的在野黨向當時的麻生太郎內閣追究責任。這也是「日本國」定名一千三百多年之後，政府第一次因為「國名的讀法」而被追究責任。

對於這個此前一直無人問津，如今卻全民關注的大問題，麻生內閣做出了如下回答：

「『にっぽん』（Nippon）和『にほん』（Nihon）這兩種讀法，在大多數情況下都是通用的，所以沒必要統一成一個。」

其實，麻生首相的回答內容是透過「內閣會議」決定的。所謂「內閣會議」，是指每週二、五的早上，以日本首相為首的十八位內閣大臣齊聚首相官邸，召開決定國策的最高會議。所以，麻生首相的回答就成為「日本國」定名一千三百多年之後，日本政府首次對「國名讀音」做出的官方回答。

順便一提，這個官方回答的關鍵點在於：回答的內容不是由麻生首相決定的，而是由「內閣會議」決定的。這就意味著，無論是在「決定的內容」，還是在「決定者」，麻生首相都能把責任推得一乾二淨。高明！實在高明！

回到關於國名的話題上。其實，「日本國」這樣一個國名本身就是一個非常不負責任的名字。

比如，中國的全稱為「中華人民共和國」，表示這個國家為「共和國」形態。美國的全稱為「美利堅合眾國」，表示這個國家為「合眾國」形態。南韓的全稱為「大韓民國」，表示這個國家為「民國」形態。泰國的全稱為「泰王國」，表示這個國家為「王國」形態。但是，只有日本的全稱為「日本國」，根本無法透過國名來判斷這個國家的形態。

天皇與首相形成可互相卸責的治國體系

日本的國名之所以這麼含糊，與「天皇所處的位置不明確」有著密切的關係。也就是說，人們對「天皇」的定義非常模糊：從古至今延續一百二十五代的天皇到底是什麼人？

「天皇」在古代被稱作「大王」或者「天王」。在古代中國，「王」的地位在「皇帝」之下。確切來說，到周朝為止，「王」是對最高統治者的敬稱。但是自西元前二二一年，秦始皇稱自己為「皇帝」之後，「王」就成了地位低於「皇帝」的地方統治者的稱謂。所以，位於中國以東的島國上的統治者，或是被中國的皇帝封為「日本之王」，或是對中國有所顧忌，才自封為「王」。

後來，日本效仿大唐法律，制定了《大寶律令》（七〇一年頒布）。律令中明確規定「日本為以天皇為中心的二官八省之國」。其中，「二官」指主管政治的「太政官」和主管祭祀的「神祇官」。「八省」指主管朝廷政務的「中務省」、主管人事的「式部省」、主管戶籍的「治部省」、主管賦稅的「民部省」、主管糧倉的「大藏省」、主管司法的「刑部省」、主管庶務的「宮內省」，主管軍事的「兵部省」。

至於「天皇」這個名稱由來，自古以來眾說紛紜，始終無法確定。我個人認為，可能是因為日本的王也想過過「小皇帝」的癮，所以借用「從天而降的皇帝」的含義，給自己起名為「天皇」吧。

不管怎樣，以天皇為核心的國家終於成型，「天皇」也由奈良時代（七一〇～七九四年）延續到了平安時代（七九四～一一九二年）。但是，到了一一九二年，日本武士源賴朝建立了鐮倉幕府，天皇的實權也移交給武士集團：幕府。所以，當時日本擁有最高權力者不是住在京都的天皇，而是住在位於東京近郊鐮倉的征夷大將軍。

之後，日本經歷了室町時代（一三三八～一五七三年）、戰國時代（一五七三～一六〇三年）和江戶時代（一六〇三～一八六七年）。在這漫長的六百七十多年時間裡，日本社會一直保持著「二重構造」，名義上的最高權力者是京都的「天皇」，實質上的最高權力者是幕府的統治者「征夷大將軍」，而征夷大將軍的地位又獲得天皇的承認。

這樣的「二重構造」是天皇和將軍雙方都希望看到的體系。具體來說，將軍能夠以「代天皇執政」為由，巧妙地避開責任。也就是說，即使出現問題，最終要承擔責任的人也不是將軍，而是天皇。另一方面，天皇也因為「任命了征夷大將軍」而擺脫「執政者」的頭銜。一旦出現問題，征夷大將軍就要理所當然地負起責任，而天皇自己就可以置身事外。所以說，日本的天皇和征夷大將軍都充分地利用了日本民族最大的人生哲學：逃避責任。

一八六八年，「明治維新」宣告日本武士社會的終結。德川第十五代征夷大將軍德川慶喜將國家大權連同江戶城一起歸還給明治天皇，自己則在駿河（今日本靜岡縣）度過餘生。從此，日本名義上和實質上的最高權力終於得到統一。也就是說，日本確立了「天皇全權在握」的社會體系。同時，自明治時代起實施的《大日本帝國憲法》第一條也規定「大日本帝國，由萬世一系之天皇統治之」。

雖然《大日本帝國憲法》做出了「天皇統治國家」的規定，但是，日本人始終無法適應像中國那樣的「皇帝一人負全責」的制度。只有在明治時代的四十五年時間裡，頗具「帝王氣質」的明治天皇做到了敢做敢當。之後的大正天皇經常表現出精神薄弱的一面，實在算不上是「能夠一人背負全責」的合格國家統治者。

一九二六年，身體羸弱的大正天皇駕崩，享年四十七歲。短短十五年的大正時代也就此畫上了句號。之後，年僅二十五歲的裕仁皇太子繼任日本第一百二十四代天皇。

面對那些經歷過中日甲午戰爭和日俄戰爭的「大日本帝國皇軍」的元老，二十五歲的昭和天皇顯得手無縛雞之力。於是，日本再次成為一個「逃避責任的國家」。

當時，日本的最高權力機關是天皇召集首相及大臣召開的「御前會議」。只是，這個會議從議題到結論都已經事先寫好腳本，天皇先象徵性地詢問幾個問題，然後說一聲：「諾！」內閣大臣們就可以對外宣布：御前會議已批准某某政策。

在那段時間裡，勢力極度膨脹的軍部以「天皇負責」的名義，肆無忌憚地推行所謂的「在御前會議上，得到了天皇首肯」的政策。而另一方面，天皇卻認為「我的確說了『諾』，但只是閉著眼睛批准了軍部的決定」，故可以此為藉口，將責任推給軍部。就這樣，天皇和軍部聯手構建了一個有利於雙方「逃避責任」的組織結構。

眾所周知，一九四一年，日本做出了一個毫無謀略可言的決定——十二月八日偷襲珍珠港，向世界頭號強國美國宣戰。在此之前的十二月一日，御前會議如期舉行。雖然這次會議決定發動以日本帝國存亡為賭注的戰爭，但是沒有人具體知道「是誰、透過什麼方式決定開戰」，日本民眾知道的也僅僅是「御前會議決定日本對美國宣戰」。所以，這到底是昭和天皇的決定，還是當時日本首相東條英機的決定，又或是其他軍部高官的決定，這至今仍是一個謎。

後來，到了一九四五年八月十四日，也就是日本無條件投降的前一天，為了防備美軍入侵，同時為了毀滅證據，當時的日本政府向全國發出了「通告」：即刻燒毀所有公文。

「通告」一經發出，從八月十四日到十五日，日本上空煙霧彌漫。這並不是因為美軍空襲，而是日本人燒毀了所有的公文——深入骨髓的「本能」讓日本人使出了所有的力氣「逃避責任」。

在戰後舉行的東京審判中，昭和天皇也成功地推卸責任。一九四五年九月，昭和天皇在出席美國媒體記者會時解釋：「在一九四一年十二月一日舉行的御前會議上做出對美開戰決定的是首相東條英機」。由於當時作為戰勝國的美國並不想在日本製造混亂，而是想持續占領日本，所以美國接受了昭和天皇的解釋。一九四六年四月二十八日，遠東國際軍事法庭正式起訴日本前首相東條英機等二十八名甲級戰犯，而沒有向昭和天皇追究責任。昭和天皇之所以沒有成為「東方的希特勒」完全歸功其多年來精心構築的「逃避責任體系」。

到了一九四七年，日本頒布了《日本國憲法》，但其中仍然保留著大量含糊其詞的表述。比如，在第一章第一條至第八條的關於天皇的記述中，第一條就明確規定：「天皇是日本國的象徵，是日本國民整體的象徵，其地位以主權所在的全體日本國民的意志為依據。」

所謂「國民整體的象徵」到底指什麼？是國家元首、國王，還是曾經的王室？

這些在《日本國憲法》中隻字未提。顯然天皇是最高權威者，首相是最高權力者，但是由於憲法中並沒有明確的記述，所以根本無法做出準確的界定。簡而言之，在日本，天皇與首相共同構築的「相互推卸責任的體系」仍然沒有發生任何改變。

日本擅長失敗了也無法對個人究責的團體運動

看一看能夠如實反映各國特色的奧運，您也許會發現，日本人最擅長的就是團體比賽。這是為什麼呢？因為在團體比賽中，即使輸了，責任也很難落在某一個隊員的身上。

如果是個人比賽，輸的人就要獨自承擔所有的責任。因此，眾多日本選手一直承受著「失敗就要承擔責任」的壓力，苦苦思索「該怎麼辦？該怎麼辦？」，最後走向滅亡。

與個人比賽不同的是，團體比賽中的責任界定十分模糊。比如，在足球比賽中，日本隊以零比一輸球。那麼失敗的責任到底應該歸給沒有守好球門的守門員，還是沒有進球的前鋒，還是沒有安排合理戰術的教練？實在很難對此做出判斷。換句話說，所有人都能夠逃避責任。所以，只有在團體比賽中，日本選手才能上演最完美的比賽。

在世界盃的歷史上，日本第一次獲得小組出線應該追溯到二〇〇二年日韓世界盃的時候。當時日本隊的主教練是二〇一二年在中國深圳紅鑽隊執教的法國人菲力浦・特魯西埃（Philippe Troussier）。因為在被譽為「日本的巴西」的足球城市浦和市長大，所以我從小就是一名足球鐵粉。後來，由於對特魯西埃教練的球員訓練方法十分感興趣，所以我觀看他執教時期日本隊的大部分比賽。

在我看來，來到日本這個具有異文化特色的國家之後，這位具有哲學家般清晰頭腦的特魯西埃教練似乎立即看穿日本人具有「逃避責任」的特質。所以，他為日本隊制定了一套能夠讓所有球員都能徹底逃避責任的戰術體系。

比如，球員在接到隊友的傳球後，必須要在兩秒鐘內將球傳給下一位隊友；持球隊友兩側的球員必須站在與持球隊友前進方向成三十度角的位置上等等。

就這樣，所有球員都獲得了「行動指南」。因此，只要持球球員在兩秒鐘之內將球傳給下一位隊友，自己就能夠「逃避責任」，然後繼續安心地比賽。而下一位球員只要往與持球隊友前進方向成三十度角的方向奔跑，那麼即使隊友沒有傳球，責任也不在自己。

這種「逃避個人責任」的足球戰術讓日本隊變得超乎想像的強大。在日韓世界盃上，日本隊不僅獲得了小組出線，而且還趾高氣揚地挺進了十六強淘汰賽。

在十六強淘汰賽中，日本隊在仙台迎戰土耳其隊的比賽，真是令人終生難忘。

比賽當天，天公不作美，仙台遭逢傾盆大雨。眾所周知，一旦下雨，足球就會變得很難控制。所以球員在球場上陷入了一片混亂。受到腳下雨水的限制，球員無法在兩秒鐘內傳球給隊友，或是無法按照原有想法沿著三十度角方向奔跑。「逃避個人責任」的戰術隨之崩潰。

就這樣，土耳其隊率先獲得進球。面對落後的局面，日本隊必須攻入一球扳平比分。但是此時，日本隊另一個致命的缺陷暴露出來。

這個缺陷就是「無法進球」。利用特魯西埃教練布置的「逃避個人責任」的戰術，日本隊能夠輕易地將球運至對方球門附近。但是在準備射門的時候，由於每次場上的情況都不一樣，所以，特魯西埃教練提供的「行動指南」也就失效了。這個時候，球員應當機立斷地起腳怒射，可是日本隊的球員們誰都不願意承擔責任，所以隊員們並沒有射門，而是選擇了彼此傳球。

由於這個致命的缺陷，日本隊沒有獲得進球，最終以零比一輸了比賽。雖然這只是一場足球比賽，但是它也成為日本社會的縮影。

溫馨提醒可能只是為了逃避責任的偽裝

一九九五年一月，日本發生了震驚世界的阪神大地震。神戶在地震和隨之而來的火災中化為一片廢墟。然而，在隨後的救災過程中，人們竟然看到了如此荒唐的一幕——在沒有任何行人的十字路口，每遇到一個紅燈，奔赴災區的日本自衛隊的救援車就會停下來「耐心等待」。在自衛隊看來，如果闖紅燈可能就要背負「違反交通規則」的責任，所以他們乾脆停下車來「逃避責任」。

出於同樣的道理，自衛隊派出的直升機，只在聚集著避難者的學校操場上空盤旋，卻不肯降落。估計駕駛員正在心裡嘀咕：「沒有得到許可就降落的話，我可是要承擔全部責任啊。」

就在日本自衛隊等待的過程中，地震造成的死亡人數就已經超過了五千人。這真是一場「天災加人禍」的日本式悲劇啊！

現在，假設您來到東京旅行，正準備搭乘地鐵。在月台上，您將聽到「列車即將進站，請您站在白線以內等候」的提示。坐上地鐵之後，您將聽到「列車在行駛過程中會有輕微晃動，請您站穩扶好」的車內廣播。快要到站時，您將會聽到「列車距離月台有一定距離，請您注意腳下」的廣播提醒。中國人聽起來肯定感動：日本人怎麼那麼體貼！

但是，請您想一想，為什麼日本地鐵會如此親切地提醒乘客呢？其實，這並不是因為地鐵公司為乘客的安全著想，而是他們不願意承擔事故的責任。萬一真的發生了事故，他們就可以說「我們已經透過廣播告知乘客了」，這樣他們就能夠將責任推得一乾二淨。

同樣的道理，為什麼東京的道路上會設有那麼多信號燈呢？那是因為各個地區的警察局都想要逃避交通事故的責任。也就是說，有些人可能會將發生交通事故的原因歸咎於「警察局沒有設置信號燈」，所以警察局乾脆大量設置信號燈，防患於未然。

日本，就是這樣一個極度逃避責任的國家！

第三章

中國缺什麼：協調一致的團結精神

中國企業的致命弱點：員工被要求必須忠實地執行「老闆」的決定，所以員工心想：「反正公司是老闆的，我只不過就是一個可以被隨時換掉的齒輪而已」。員工失去了「為公司的發展而努力」的動力。最終，這些消極的思考使員工缺乏「一致性」與「團結精神」，進而導致公司業績的不穩定。

中日文化差異大，繞地球一圈才有交集

二〇〇九年夏，作為日本大型綜合出版社在北京分公司的代表（副總經理），我來到北京工作。在一萬多名被派駐到北京的日本人中，我算是一個非常特殊的個案。這是因為在這一萬多名日本人中，有九十五％以上的人過著「日本人村」的生活，而只有包括我在內、不到五％的人生活在「除了自己，身邊都是中國人」的環境裡。

首先，大部分被派駐到北京的日本人都住在東苑公寓、光明公寓、龍寶大廈、Summer Set，以及長富宮公寓等，這「五大日系公寓」。而我在北京的居住地，雖然也位於外國人很多的朝陽區，但是我選擇了一幢周圍完全沒有日本人的「純中國式公寓」。其次，很多駐北京的日本人都開公司配車上下班，而我卻一直堅持迎接早晚班人潮高峰，乘坐地鐵一號線和二號線。

另外，很多日本企業都把北京分公司的辦公室安排在亮馬橋附近的發展大廈，或者建國門附近的長富宮辦公樓裡。這些大樓裡的辦公室大多被日本企業所租用。而本公司的駐北京辦公室則設在一幢有著近三十年歷史的中式大廈。在這幢大廈裡，別說日本公司了，就連一家外資企業都沒有。每天早上，我都能在一樓電梯的

入口處看到來上班的中國人「瘋擠電梯」的壯觀場面。而到了我們公司所在的十一樓後，每次去洗手間，我都能看到有男人渾身赤裸地站在洗手間的水龍頭前「洗澡」。

不僅如此，大部分日本企業的北京分公司裡的員工以日本人居多，所以「日語」是辦公室裡的通用語言。而在我們的辦公室裡，除了我這一個日本人之外，其他人全部都是中國人。剛開始，辦公室裡只有包括我在內的五名員工。除了一名不懂日語的女會計之外，其他人都能說一口流利的日語，只不過，大家說日語也僅限於和東京總公司聯繫的時候。除此之外的其他時間，大家都說中文。

公司的各項制度也都基本上按照中國的慣例去制定。比如，休假日與中國的法定假日保持一致。到了午飯時間，我也不會去日本人經常光顧的五星級飯店裡的高級日本料理店，而是去辦公室地下樓的餐館，吃一份十二塊錢的套餐果腹。

除此之外，我的上司，也就是北京分公司的總經理，雖然他身在日本總部，是總公司錄用的員工，但他是一位道道地地的中國人。還有，北京分公司的客戶也全都是中國的出版社、廣告公司等等。

就這樣，由於身邊幾乎找不到日本同胞，所以我覺得自己被中國人從四面八方緊緊地包圍了。於是，我深切地意識到一點：想要在這個環境中繼續生存下去，我就必須把自己「同化」為中國人。

後來，隨著「同化」的進程不斷地向前推進，我越發確信，中國人和日本人的共同點不過就是「有相同的容貌，使用相同的漢字，擁有儒教、佛教等等共通的文化」而已。人們都說，中國和日本是一衣帶水的鄰國。可是，在我看來，兩國文化間的差異就如同「繞著地球一周才能到達終點」似的，相差十萬八千里！

著名的人類文明學者、哈佛大學教授亨廷頓（Samuel P. Huntington），在他一九九六年出版、全球矚目的《文明的衝突與世界秩序的重建》一書中，將全世界的文明分為七大類或八大類，特意將「中華文明圈」和「日本文明圈」區別開來予以分類。

從舉辦迎新會談中國員工缺乏團隊精神

我用了很長的篇幅來描述我來到北京之後的所見、所聞和所感。如果您要問我進入這個「中國式的企業」之後，感觸最深的是什麼，我的回答是：中國人缺乏團隊精神。為什麼我會有這樣的感受呢？事情還要從我來北京工作三個月左右的時候開始說起。

二〇〇九年秋，由於我們公司雜誌部的工作量增加，所以我面試了大概三十位中國人，並從中錄用了一名女孩。除了這名女孩之外，辦公室裡的其他員工都是前任駐華代表錄用的，所以，這名女孩就成了我上任後錄用的第一位中國員工。

在日本的公司裡有一個習慣，那就是如果有新員工加入，公司裡的全體成員就要聚在一起，為其舉辦一場迎新會。在迎新會上，新員工會一手拿著啤酒瓶一手拿著酒杯，向老員工們一一敬酒。敬酒的同時還要懇請對方：「從明天起請多多關照！」老員工們則會以「也請你多多關照」、「從明天開始一起努力吧！」之類的鼓勵話語來表示對新員工的歡迎。

迎新會接近尾聲的時候，社長（或部長）會總結：「新員工某某正式入職了，從明天開始，大家一起努力吧！」然後，在場的所有人會以「三擊掌」或「一擊掌」的形式來結束迎新會。

所謂的「三擊掌」，是指所有人以相同的節奏連續擊掌三十次（一般是以十次為一輪，共三輪）。而「一擊掌」則是所有人同時擊掌一次。當然，不管哪種擊掌方式都是象徵日本公司團隊精神的重要儀式，也是迎新會中不可或缺的環節。經過這個迎新會之後，新員工就「正式」成為公司的一員。同理，當有員工離職時，公司也會為其舉辦「送別會」，所有人也會用「三擊掌」或者「一擊掌」的方式為其送行。

由於在此之前參加過無數次公司裡的「迎新會」和「送別會」，所以我也在心裡盤算著為自己錄用的第一位員工舉辦一場迎新會。我把時間定在新員工入職那週的週五晚上，地點定在公司附近的一家川菜館。然後，我向公司裡的六名員工發了群組邀請信。

然而，在迎新會前一天的週四下午，一位女員工突然來找我，說「想談談明天迎新會的事」。她問我：「明天的新員工迎新會，您打算向參加的人收錢嗎？」

對於這個意料之外的問題，我感到十分的不解。新員工身為受歡迎的一方，不需要出錢，其他員工則需要支付「會費」。這是日本公司的常識。當然，「會費」的多少根據個人職務的高低而略有不同，一般員工三千日元，科長五千日元，董事長一萬日元。

基於這樣的「常識」，我已經做好了在明天的迎新會上多出點「會費」的心理準備。這位女員工之所以會如此鄭重其事地提問，我想應該是她在錢的方面有些「困難」。所以，我帶著一份同情之心回答：

「作為公司駐北京分公司的代表，我每個月都能從公司領到一筆『招待費』。這個月的『招待費』正好還沒用，所以迎新會的費用由我來出，你們幾位中國員工可以免費參加。」

我本以為這個回答會讓她欣慰地一笑，可是，她卻依然一臉嚴肅地繼續問道：

「您準備從『招待費』裡拿出多少錢舉辦迎新會？要不，我提個建議吧，您把用來開迎新會的錢按人頭平分一下，然後直接發現金給我們吧。這樣既節省了時間，大家又得到了實惠，一舉兩得啊。」

聽了她的「建議」，我頓時啞口無言。在我來到北京之後的三個多月時間裡，雖然每天都對中日之間的差異感到驚訝不已，但是，這些遠遠比不上她的「建議」帶給我的驚訝。「把『招待費』分給員工」、「這樣可以節省時間」……這些難以置信的話在我的腦海中不停地盤旋，久久不散。

也許是用腦過度，我感覺四肢乏力。於是，我用一句「讓我考慮一下」把她支開了。

毫不誇張地說，在那之後大約一個小時的時間裡，茫然自失的我根本無法靜下心來處理手頭的工作。對我來說，這次的「異文化衝擊」實在太猛烈了。

誰知一波未平一波又起。在我尚未回神的時候，又有一位男員工走過來：「我想和您說件事……」他的話「啪」地一下打斷了我的思緒。我原以為他會向我報告一些他所負責的漫畫方面的事情，可是沒想到，他說的竟然也是關於週五迎新會的事情。而且更令我意想不到的是，他問的問題以及給我的「建議」和一小時之前那位女員工的一模一樣！

難道剛才那位女員工和眼前這位男員工是事先商量好的？我不由得在心裡嘀咕起來。可是轉念一想，就在那天中午，這兩人為了一件工作上的事情發生了激烈爭執，後來都不搭理對方了。所以，我猜想在迎新會的事情上，他們不可能是商量好的。那麼，既然沒有事前商量，這就只能說明兩個人的想法「不謀而合」。

到了傍晚快下班的時候，又有一位女員工走到我的面前，理直氣壯地對我說：「明天晚上，我和男朋友約好了看電影。迎新會，我就不去了。」

事已至此，我只好找了一個極為日本式的藉口，以中文給所有人發了另一封群組信：「明晚我有急事需要處理，迎新會順延至下週以後。給各位添麻煩了，萬分抱歉。」沒想到，那位我親自錄用的新員工竟然這樣回覆郵件：「沒關係。反正在中國一直沒有為新員工開迎新會的習慣。」

中國員工開會時，彼此爭功求表現

在我看來，「迎新會」雖然就這樣不了了之了，但是這件事卻向我提供了一個瞭解中國人思維方式的絕佳機會。換句話說，我意識到自己也許不應該在中國公司裡，對實踐日本式的「一致性」和「團隊精神」有過高的期待。於是，我對那些不適用於中國員工的公司制度和行為習慣做出了改變。

比如，在那之前的每週一上午，公司都要召開全體員工會議。但是，每次會議都會引發一些爭端。簡單點說，如果上一週的業績有所提高，那麼大家都會說功勞屬於自己，然後開始拚命地「爭功」。如果業績下降或者出現虧損，那麼大家就會互相推卸責任，然後激烈地爭執。

「我們好歹也是一家『文化公司』，大家說話能不能『有文化』一點！」最後，伴隨著我的指責，會議宣告結束。唉，從週一上午開始就壞了心情，這一週之後的幾天，估計也不會順心如意了。

在日本的公司裡，開會的主要目的是讓員工非常紳士地調節與其他人的關係。所以，會議開得越多，員工的心裡就越容易萌發向心力，越容易具有團隊精神。於是，公司一旦發展壯大，會議就成了很多員工的工作重心。比如職位在科長以上的人，每天除了吃午餐和去廁所的時間之外，從早到晚就是開會、開會、再開會。這就是日本企業特有的景象。

但是，來到北京之後我才知道，會開得越多，同事之間的關係就越差。這是因為中國的會議上，大家並不是紳士地解決問題，緩和矛盾關係，而是極為不紳士地爭權奪利，使問題越發惡化。

比如，我們公司將某暢銷小說的中文版權交給了中國某出版社，但是後來發現該出版社經常出現「未使用合約規定的封面」、「未經原文作者同意，擅自添加他人序言」等等違反合約的行為。

在這種情況下，我一般都會立即召開會議，協商出雙方都能接受的解決辦法，同時找出問題來改善合約，以避免類似情況的再次發生。

但是，在會議上，員工A通常都會說「員工B沒有確認封面，這件事是他的責任」，而員工B會反駁「是員工A向日方做出的承諾，所以應該由他負責」，然後，兩人你一言我一語地反覆強調不是自己的責任，有時甚至還說「以前員工C也犯過同樣的錯誤」，把跟眼前這件事毫無關係的其他人也牽扯進來。

如果反過來是一件有利可圖的事情，情況也是一模一樣。比如，一位日本作家委託某中方出版社自費出版自己寫的日文圖書，並且預購一萬冊。這對於中方出版社來說，無異是天上掉下來的禮物。可是當開會討論「如何出版發行」的時候，他們也會爭得不可開交：「我知道一家印刷廠，價格非常便宜」、「不行，那家印刷廠雖然便宜，但是印刷的品質不行。我認識一個印刷廠的朋友，還是交給他們比較好」……

在這個時候，如果他們都是為了使公司獲得最大利益，那麼無論他們怎麼爭執都行，但是在我看來，事實並不是這樣。其實，他們都是利用公司的業務，擴大自己的私人利益。

也許這種情況在「每位員工年薪不同」的外資企業中十分常見。但是，在日本國內的企業中，這種情況真是聞所未聞。

於是，我乾脆下令取消每週一上午的全體會議。然後開始執行「我和員工A」、「我和員工B」這種我與各項工作負責人「一對一」的開會方案。過了一段時間之後，我發現北京分公司的營業額一路平穩上揚。

中國人口多，競爭激烈，同事是勁敵不是夥伴

來到北京半年之後，我終於領悟到與日本公司相比，中國公司所欠缺的決定性要素，那就是所有人團結一致提升營業額的「一致性」和「團隊精神」。

在中國人的眼中，坐在自己周圍的「同事」絕對不是和自己手挽手、肩並肩提升公司營業額的「戰友」，而是在某一時刻要將其排擠掉的「勁敵」，或是與自己毫無關係的「陌生人」。所以，每天下午五、六點下班之後，中國員工也不會像日本員工那樣三五成群地吃晚飯，而是自顧自地做自己的事情。換句話說，中國員工之間的人際關係僅僅停留在非常淺薄的表面。

看到這裡，也許會有中國讀者提出反對，但是，對於我這個在從早到晚都「講一致」、「顧團隊」的日本公司裡工作慣了的日本人來說，這就是事實。

為什麼中國人欠缺「一致性」和「團隊精神」？我認為其原因主要有以下幾點。

第一點不必諱言：中國是一個人口眾多的大陸國家，競爭極為激烈。

二〇一〇年，中國的GDP超過了日本。雖然兩國GDP數值基本相同，但僅

從「十一比一」的人口比例來看，相同的GDP就意味著中國人需要面對的競爭壓力是日本人的十倍以上。

比如，在奧運上，中國和日本在各個專案中的參賽選手數量相同，那麼中國選手就需要面對十倍於日本選手的競爭壓力。因為日本的乒乓球選手是一億兩千萬人的代表，而中國的乒乓球選手是十三億人的代表。

這種情況不僅限於體育運動，在其他的方面也完全相同。比如，最能代表中國的「北京大學」和最能代表日本的「東京大學」，兩所學府每年的新生入學人數都是三千人左右。但是中國的學生要想進入北京大學，卻比日本的學生進入東京大學要難十倍以上。

當年我在北京大學留學的時候，一位教我中文的法學院學生告訴我說，他是四川省的「高考狀元」！那個時候，中國四川省的人口將近一億，所以他獲得了四川省的「高考狀元」就等同於獲得了日本的「全國狀元」！

一旦競爭激烈到了如此程度，估計誰都應該沒有心情和其他人「攜手共進」了。所以，要想在中國社會裡往上爬，你不只要排擠掉你身邊的人，你連他們身邊的人也要排擠掉！

當然，**中國也有它了不起的地方，那就是它確立了一個「敗者復活」的賽制**。比如，北京某公司的一位職員，在公司內部的競爭中慘敗。那麼，這個失敗者可以輕易地辭去北京公司的工作，然後轉投上海的某公司，繼續和別人競爭。

日本從求學到求職嚴格要求一致性

與中國不同，**日本是一個四面環海的狹長島國，而且是一個盛行「終生雇用制」的保守國家。因此，日本人一旦在自己所屬的公司裡失敗了，那就意味著他將一生背負失敗**。出於對這種後果的恐懼，日本人最終選擇了「不在公司裡爭一時的成敗，而是在漫長的職業生涯裡一步一步平緩地向上爬」。由此看來，日本人再三強調的「一致性」和「團隊精神」其實就是日本人的「生活智慧」。

為了讓所有的日本人都能擁有這份智慧，日本在國民教育中始終貫徹對國民的「一致性」和「團隊精神」的培養和訓練。

在日本小學的國語課上，老師會告訴孩子們，「人」這個漢字表示兩個人要相互依靠，相互支撐。作文課上，老師最喜歡的作文關鍵字就是「合作」、「一致」，以及「團結」。即使是在必須依靠邏輯思維解題的數學課上，老師也會教育學生說：「一加一等於二。但是，如果大家有團隊合作的精神，那麼兩個人的力量會等於三或者四。」秋季運動會上的主要項目也是「拔河」或者「騎馬打仗」等等團體比賽項目。音樂課上，老師會藉由合唱來告訴學生「和聲」的重要。美術課上，老師也會從「色彩和諧」的角度出發教學生畫畫……總而言之，在日本，所有的課程裡都充滿了「一致性」和「團隊精神」。

當然，在這種教育方式中也存在一些消極的意涵。其中，日本學校的最大問題莫過於助長了「霸凌」之風。所謂的「霸凌」，就是對同年級學生中，不能「合作」、「一致」以及「團結」的孩子的一種差別對待。比如，所有人都穿黑色襪子，只有一個孩子穿白色襪子，那麼穿白襪子的孩子就成了被欺負的對象。有些被欺負的孩子由於不堪壓力，有時會拒絕去學校，甚至選擇自殺。日本的各大報紙沒有一天不爆發與「霸凌」相關的報導。

我好像有點偏題了，不過，在如今的日本企業裡，「一致性」和「團隊精神」依然是最被看重的東西。它們之所以被看重，那是因為日本企業裡的所有工作都需要依靠團隊合作來完成。而對於那些具有很強的個人能力的「孤狼型」人才，公司裡的其他人不但不會歡迎，反而會紛紛敬而遠之。

所以，最受日本企業歡迎的大學畢業生就是那些出身「體育會」的學生。所謂的「體育會」是指棒球部或是足球部等等得到大學承認的體育俱樂部。那麼，為什麼出身於這些體育俱樂部的人最受歡迎呢？原因就在於這些學生在俱樂部活動中受到了關於「一致性」和「團隊精神」的良好教育。

日本的大學通常都在每年三月舉行畢業典禮。參加了畢業典禮之後，大量的畢業生就在四月一日一起湧進了公司。再加上這個時候正好是櫻花繽紛的春天，所以整個日本都籠罩在一股「開始美好新生活」的氣氛之中。

每年的這個時候，當您走在東京、大阪等大都市的街頭，您就會遇到很多一臉學生氣質但穿著西裝或套裝的年輕人。他們都是剛剛由大三升上大四的在校學生，不過日本人習慣稱呼他們為「應聘組」：為了因應一年之後即將離開學校、走入社會，他們正在為工作而四處參加公司的招聘考試。

這些「應聘組」的最大特徵就是，所有人都穿著被稱為「應聘裝」或者「應聘服」的全黑服裝。為什麼所有人都要穿相同類型、相同顏色的服裝呢？這是因為「與他人保持一致」、「絕不與眾不同」是進入日本企業最重要的「先決條件」。

一九九九年，原日本電通公司（日本最大的廣告公司）一個叫中谷彰浩的員工寫了一本名為《面試達人》的暢銷書。這本書以準備參加公司面試的學生為主要對象，詳細說明在面試時，說什麼能夠討面試官的喜歡，說什麼會被面試官討厭。由於內容實用，作者的表達又親切而誠懇，所以這本書一面世，就佳評如潮，且年年再版。

在《面試達人》中，作者一貫強調的也是「一致性」和「團隊精神」。舉例來說，假設在向求職公司提交的簡歷中，貼照片處的方框大小是「4公分×3公分」。那麼，作者一定會提醒讀者「將照片分毫不差地切割成『4公分×3公分』

的大小，然後再仔細地貼在方框中間」。為什麼要這麼精確地切割照片呢？對此，作者解釋：如果照片被切割成了「3.9公分×3.1公分」，那麼面試官就會認為「這名學生不具有和別人『保持一致』的性格」，從而導致面試失敗。

那麼，在現實生活中，求職者真的會因為照片大小的問題而落選嗎？有一次，我遇到了一位大學同學，他正巧在日本某大型保險公司擔任人事部長一職。於是，我向他確認照片的問題。聽完我的提問，他非常泰然地回答：

「求職者在貼照片時，哪怕有一點點的不合規定，都將面臨落選。這對於面試官來說是天經地義的事情。現在，面試官不僅關注照片，而且還十分注意求職者的電郵。如果其中出現『dream』（夢想）。『bigtomorrow』（輝煌的明天）等字眼，那麼同樣不會錄用。因為，擁有這種想法的人，一般都很難與周圍的人保持一致。」

後來，他向我透露了一個他在今年面試時，向所有在學求職者提出的問題：

「你在一個擁有十名員工的部門裡工作。有一次，科長提議：『為了替辦公室增加點活力，大家在自己的辦公桌上擺一株植物吧。』於是，你們十個人一起去了附近的花店選購。到了花店，科長說『白色康乃馨不錯』，大部分人表示沒有異議，但是唯獨有一個人說：『我想在辦公桌上擺一株紅色康乃馨。』這個時候，你會對想買紅色康乃馨的同事說什麼？」

一聽到這個問題，我就不假思索地回答說：「在自己的辦公桌上擺花的話，選擇自己喜歡的顏色不是挺好的嘛。」沒想到，他竟然用帶著一絲威脅的口吻對我說：「像你這樣的求職者，肯定會被當場淘汰。」看到我疑惑不解的樣子，他說出他認為最為理想的答案：

「你選的紅色康乃馨的確很好看，但是如果大家都選相同的白色的話，那麼其他部門的同事或者客戶來到我們這裡，就一定會覺得我們這個辦公室裡的人具有很強的凝聚力。所以，今天我們就買十枝白色康乃馨吧。從今以後，我們每天都看著相同的花，共同努力奮鬥！」

聽完他的答案，我恍然大悟：原來，這些說服同事購買相同白色康乃馨的話，才是日本企業最想聽到的「正確答案」。簡單點說，體現「一致」和「團結」的精神才是這個問題的關鍵點。而剛才我之所以會做出那樣的回答，也許是考慮到，如果在中國的辦公室裡，大家都買不一樣的花，那麼辦公室會變得非常漂亮吧。

從這個問題，我聯想到一個情況，那就是在中國的餐館很少提供「午飯套餐」。在日本，一到中午，各大餐館都只提供三種左右的套餐——「午飯套餐A」、「午飯套餐B」、「午飯套餐C」。這種套餐被稱作「每日變更午餐」，也就是說套餐的種類每天都不一樣。

在日本，公司的員工有和同事一起去附近的餐館吃午餐的習慣。吃飯的時候，如果職位最高的人說「我要午飯套餐B」，那麼其他人一般也會選擇套餐B，因為這是一個對上司展現自己具有良好的「一致性」和「團隊精神」的機會。反過來，如果有一個人說「我要午飯套餐A」，那麼這個人就會被認為是缺乏「一致性」和「團隊精神」。由此可見，日本的企業社會就是這樣一個必須時時處處和他人保持一致的社會。

但是，在中國，餐館會在午餐時間提供一百道或者兩百道菜。中國人一般會一人點一道菜，然後大家一起吃。剛來中國的時候，我很不適應這種方式。不過，後來適應了之後才發現，中國真自由！

比起個性合群，文化產業更需要有創造力的人才

在來北京工作之前，我也在位於東京的總公司連續擔任十年左右的面試官。當時，我採取「三對一」的面試方式——隸屬於雜誌部的我、一位圖書部的同事，以及一位負責廣告宣傳的營業部同事，共同面試一名學生。由於面試一個人的時間將近三十分鐘，所以從早到晚最多只能面試二十名左右的學生。通過第一輪面試之後，求職者還要繼續參加由局長級別的同事擔任面試官的第二輪面試，以及由董事長及全體董事擔任面試官的第三輪面試。最終，只有十五人能從參加第一輪面試的

一萬多名求職者中脫穎而出，成功簽約入職。

近年來，參加面試的求職者中，個性張揚的學生越來越少。大家都穿著同樣的正式服裝，說著同樣的話。

我：為什麼來參加本公司的面試？

學生：因為我想成為貴公司編輯團隊中的一員，把優秀的書籍介紹給廣大讀者。

我：進入本公司之後，你認為應該在工作中注意什麼？

學生：我覺得在工作中，不要給大家添麻煩，要對前輩的話言聽計從，要謹記自己是團隊中的一員。

儘管大家的答案有些雷同，但這充分證明了學生在參加日本公司面試之前，已經在強調自身具有「一致性」和「團隊精神」方面，下了很大的功夫。

對於這樣的現狀，我有一些與大眾稍微不同的看法。在我看來，在日本社會，尤其是在我所處的日本文化產業中，一個人有沒有創造力遠遠比有沒有「一致性」和「團隊精神」更為重要。

也就是說，即使一百個具有「一致性」和「團隊精神」的人聚在一起，也創作不出莫札特的音樂。所以，所謂的文化產業就是一個只有依靠極少數擁有絕對才能的天才才能拓展下去的世界。

置身於文化產業中的人，要是自身具備這樣的才能當然再好不過。如果自身不具備這樣的才能，那麼他就應該能夠慧眼識人，具備發現他人富有創造力的才能。但是遺憾的是，在現實生活中，自身具備才能，又能「慧眼識人」的人實屬鳳毛麟角。

在日語中有一句話叫作「バカと天才は一重」（蠢材和天才只有一步之遙）。天才，在某一個領域擁有超群脫俗的能力，但是在其他領域卻連凡人都不如。比如，某天才足球運動員，由於不懂得申報個人所得稅，而被揭發「逃漏稅」。這就證明，不論這名球員有著多麼精湛的腳法，他在一般的社會環境中都只是一個「蠢材」。雖然有些人會認為「足球踢得不錯就好了」，但是大部分人並不會這麼認為——這就是日本社會。

因此，在面試學生的時候，我會從兩個方面綜合考察。第一，是否具有文化方面的創造力。第二，是否具有「慧眼識人」的能力。但是，由於和我一同擔任面試官的另兩位同事，依然從傳統的日本社會價值觀出發，考察求職者是否具有「一致性」和「團隊精神」，所以我們對求職者的評定結果永遠都是「二比一」。即使是我勉強將那些才華橫溢的求職者留了下來，他們也會在之後的「第二輪面試」中鎩羽而歸。現在回想起來，我仍然覺得無比的遺憾。

為了維持團結與平等，日企不特別獎勵傑出員工

十年前，我在日本某出版社工作的編輯朋友負責出版了一本書，後來這本書成為銷量超過五百萬冊的暢銷書籍。按照單價一千六百八十日元計算，這本書為我朋友的出版社帶來了八十四億日元（約新台幣二十五億元）的收益。

後來和朋友見面的時候，我問他那本書為他帶來多少獎金，他回答我：

「我只得到一筆十萬日元（約新台幣三萬元）的『總裁獎』。但是作為公司的一員，我能夠為公司的發展做出微薄的貢獻，我感到無比的高興。」

為公司帶來了八十四億日元的收益，卻只拿到了十萬日元的獎金，而且還再三強調「集體利益」，這就是日本文化產業的現狀。

在北京，我和多家中國出版社以及廣告公司都保持密切的聯繫。據我瞭解，這些公司全都實行「個人獎勵」制度。例如，負責某圖書的編輯可以獲得等同於該圖書銷售總額的三％的獎金。據說這樣的獎勵機制能夠非常有效地鼓勵編輯。

雜誌方面也是如此。二〇一一年秋，我曾拜訪一家雜誌社。跟雜誌社的負責人交談的過程中，我才得知，這家出版社的廣告部、銷售部等部門也都在實行「獎勵

機制」。也就是說，如果廣告部的某員工拉到廣告，那麼出版社就按照規定比例從廣告費中抽出一部分，給他獎金。而銷售部的員工也可以按照「每銷售一本，提成幾毛」的規定，從自己轄區內的雜誌銷售總額中獲得獎金。由於獎勵制度清楚明確，所以雜誌社裡的所有員工各司其職，並且個個幹勁十足。

試想一下，如果日本的出版社也效仿中國這種「獎勵機制」，那麼，上文中那位日本編輯將會獲得二億五千兩百萬日元（1680日元／冊×500萬冊×3%，約新台幣七千三百萬元）的獎金。在日本，一個普通的上班族從二十二歲大學畢業到六十歲退休，只能賺到兩億日元（約新台幣五千八百萬元）的工資。也就是說，我的那位編輯朋友僅憑一本書就賺到了別人一輩子才能賺到的錢。

如果這種事情真的發生了，那麼會有怎樣的結果呢？首先，由於已經賺到了足夠的錢，那位編輯一定會辭去現在的工作，然後悠然愜意地過完餘生。這樣的結果對於他個人來說也許完美，但是，對於他所屬的出版社來說，由於失去了一位才華洋溢的編輯，無疑是一個悲劇。

其次，在那位編輯離職之後，其他的編輯也紛紛開始以暢銷書為目標，「各自」努力。這樣一來，所有員工對出版社的向心力就會消退，同時滋生「利用公司業務中飽私囊」的想法。除此之外，如果其他公司的「獎勵」更高，那麼大家都會跳槽。

就這樣，這家出版社裡的「一致性」和「團隊精神」就會越來越少。銷售額即使晚時間有增加，從長期的角度來看，最終也一定會一跌再跌——畢竟一個四分五裂的公司很難持續保持緊張感。

所以，在日本的出版業裡，無論出現多少發行量超過五百萬冊的暢銷書，出版社都會給員工發十萬日元獎金。這樣既抑制了其他編輯們的嫉妒，同時也維持了內部的「一致性」和「團隊精神」。

另一方面，那個編輯心裡也很清楚，誰都無法保證自己還能繼續推出暢銷書籍，所以與其在這一次要求高額的獎勵，還不如藉此機會充分展現自己所具有的「一致性」和「團隊精神」，繼續低調地工作、繼續安安穩穩地賺錢。

看完這個例子，我相信很多的中國讀者都會對日本這個社會感到不可思議。不過，這真的就是日本社會的現狀。

中國年輕人面試的缺失：不重視服裝，無時間觀念

因為我是一個道道地地的日本人，從小就對「一致性」和「團隊精神」習以為常，所以在二〇〇九年，當我作為公司駐北京分公司的代表，面試中國的求職者的時候，我會感覺到無比的新鮮和驚訝——來公司參加面試的中國人可謂形形色色、

千差萬別。

我是司馬遷的忠實粉絲，特別喜歡讀他寫的《史記》。其中，最令我感動和震撼的，是書中對於中國戰國時代的記述。在距今兩千多年前的戰國時代，由於連年的戰亂，各國求才若渴。於是，很多能人志士不管出身貴賤，不論地域疆界，積極遊說各國的諸侯，最終憑藉著自己的口才和能力名揚四海。

在北京工作三年裡，我大約面試了一百五十多位中國的年輕人。透過和他們的接觸，我隱約感覺到現在的中國社會和兩千多年前的戰國時代有著極為相似之處。在中國，有不少企業經營者一再強調「危機就是危險和機會」。其實，**不光是企業，現在整個中國是處於「危機與機會並存」的「現代版戰國時代」**。而在這個時代裡，中國越發變成了一個缺少日本人最為重視的「一致性」和「團隊精神」的國度。

中國的年輕人來參加面試的時候，普遍存在一些問題。首先，一點都不注意著裝——也許他們根本沒有考慮過，今天自己穿的衣服會讓日本公司的面試官留下什麼樣的印象。

不過，我所在的公司和中國的出版社合作出版七本雜誌，其中有六本是時尚雜誌。也就是說，「員工對流行時尚的感覺如何」將和公司業務狀況的好壞有著直接的關係。於是，當中國的年輕人（尤其是年輕女性）來參加面試的時候，我都會從頭到腳仔細地觀察他（她）們穿什麼樣的服裝、戴什麼樣的飾物、妝化得怎麼樣等等。雖然這有些不太禮貌，但是在我看來，我絕對不會把公司的時尚雜誌交給一個對時尚毫無感覺的人。

其次，中國的年輕人毫無時間概念。明明清楚地通知面試時間，可他們還是可以心平氣和地遲到十分鐘甚至一個小時。雖然在中國經常會發生塞車之類的、令人無可奈何的「意外狀況」，但是，對於這麼重要的面試，大家就不能嚴肅、認真一點嗎？

其實，我們日本人最討厭的就是遲到。

我的妹妹在一家位於東京近郊的銀行工作。在參加面試的時候，面試官問她：「你最擅長的事情是什麼？」我妹妹這樣回答：

「我沒有什麼一技之長。不過，從小到大，我從來就沒有遲到過。」

據說，聽完我妹妹的回答，三位面試官不約而同地露出了微笑，並且當場決定錄用。

再說兩個和我妹妹的情況完全相反的例子。其一，我的一位大學同學，由於提交畢業論文的時間比規定的截止時間晚了三十分鐘，最終被取消了當年的畢業資格。當然，這位同學的「遲交理由」十分充分——天皇陛下去世，東京一片混亂，地鐵的停發車時間也受到了影響。但是，校方堅決指出，按照學校的規定「超過截止時間，概不受理」。所以，這位同學不得不吞下「留級一年」的苦果。

其二，我的另一位大學同學，在參加某大型家電製造公司的面試時遲到了五分鐘。這也有理由。地鐵站有幾個出口，她走錯了出口，後來繞過去就遲到了。於是，她不但沒有獲得面試機會，還被對方直接趕出了大門。這家公司之所以會做出這樣的處理，是因為在日本公司看來，不管求職者遲到多久，只要遲到，就沒有參加面試的資格。

其實，不光是日本人守時，就連日本的交通工具都十分守時。在東京有名為「山手線」的電車。這趟電車繞東京一周需要花費的時間，不多不少正好一個小時。而且，電車的到站時間也精確到了「秒」。比如，車內廣播播報「本次列車將於十五時四十五分四十五秒到達東京站」，那麼這輛車就一定在十五時四十五分四十五秒到站。如果是十五時四十六分到站，那麼車站內的工作人員一定會用廣播向乘客道歉：「本次列車比預計時間晚到十五秒。對此，我們向您表示誠摯的歉意。」

由此看來，日本稱得上是全世界「最守時」的國家。同時，這種「守時」也從一定程度上證明了日本是一個非常安全和穩定的國家。當然，說這句話的前提是不考慮日本最大的風險：時不時就發生的「地震」。

年輕人多樣的個性是中國經濟發展的原動力

好了，以上說了一些關於服裝和時間的問題。這兩個問題對於我們日本人來說，的確十分嚴重。但是，在面試的過程中，我還發現了一個更為重要的問題，那就是在上文中我一直反覆提起的問題：中國年輕人缺乏日本企業最為重視的「一致性」和「團隊精神」。

比如，一個中國的年輕人就曾在面試的過程中滔滔不絕地對我說：「我爸是某省的幹部，你們要是錄用我的話，你們公司就能獲得某省某區動漫產業基地的股權。這樣一來，不光你們公司能賺大錢，你也能升官發財。」聽了他的話，我不由得感歎：他就是最近在報紙等媒體上頻頻出現的「官二代」啊！後來，我東拉西扯地問了他很多問題，比如他的生活狀況、人生觀、價值觀等等。雖然聊得很起勁，雖然「動漫產業基地的股權」很誘人，但是透過他的言語表達，我發現他是一個具有極強烈「自我主義」的人，所以我最終並沒有錄用這位「官二代」。

除了這位「官二代」之外，還有幾位女性求職者令我印象深刻。

比如，一位求職者原來在一家與文化相關的國營企業工作，主要負責與日本有關的工作。但是，由於她感覺自己在原來的企業裡沒有繼續發展的空間，所以準備跳槽到一家日本的公司工作。在面試的過程中，當我問她「專長是什麼」的時候，她爽快地回答說「唱紅歌」。這是一個我只有在中國的報紙上看到的詞語，於是，我饒有興致地問了她幾個關於「紅歌」的問題。誰知道她越說越起勁，後來竟然突然站起來對我說「我唱幾句給你聽吧」，然後就大聲地唱了起來：「萬歲！萬歲！毛主席！」

對於她那響徹會議室的優美聲音，我報以熱烈的掌聲。唱完之後，她問我說：「你覺得怎麼樣？」我實在不知道應該怎麼表達，所以只好含糊其詞地回答：「就像是在聽歐美的讚美歌一樣。」她嫣然一笑，然後繼續說道：「要是我被錄用了的話，我就每天用優美的紅歌撫平大家心靈的創傷。」可是，很遺憾，她最終沒有被我錄用。

後來，我又問了另一位女性求職者的興趣愛好。她回答說「占卜」，接著又向我解釋說：「透過出生年月日和手相，可以算出一個人的前世……」說著說著，她突然話題一轉：「對了，我幫你算算吧！」之後，她問了我的出生年月日，把數字記在了紙上，然後神神祕祕地算了起來。過了一會兒，她又看了看我兩隻手的手相，嘴裡唸唸有詞地嘀咕了幾句。最後，她終於抬起了頭，對著我說：

「我算出你的前世了！你上輩子是蒙古人，住在沙漠的蒙古包裡，家裡很窮。」

「啊？」

在表達了感謝之後，我禮貌地將她請出了會議室。

之後，我又問了一位女性求職者「自己的長處是什麼」，她回答「我比其他人更有毅力」。同時，她掏出了一張照片給我看。照片上是一位在海邊洗海水浴的豐滿女性。

「這是一年前的我。當時我還在學校讀書，體重一百八十公斤。但是，一想到自己會因為太胖而找不到男朋友，也找不到工作，所以我下定決心減肥。後來，我成功減掉了七十公斤。我想在貴公司的員工裡，應該沒有人能像我這樣，有減肥七十公斤的毅力吧。」

我揉了揉眼睛，仔細地對比了一下眼前的這位求職者和照片上的人，雖然體型的差距很大，但的的確確是同一個人。於是，我請求她把這張照片留給我作紀念。她爽快地同意了。面試結束後，我拿著這張照片問我的同事們：「有這樣一個女孩子來面試了，你們覺得怎麼樣？」

結果，所有人的回答都很「淡定」：要是那麼有毅力的話，她就不可能會胖到一百八十公斤了。我轉念一想，好像還真是這麼回事啊。於是，我最終還是放棄錄用她的打算。

就這樣，我一次又一次地被中國年輕人的「個性」所「雷倒」。

雖然如此，我也不得不承認，促進中國經濟發展的「原動力」正是這些年輕人的五花八門的「個性」。

日企會錄取具備什麼特質的應徵者？

所以我放棄了「協調一致」、「團結精神」這種日本企業喜歡的條件。然後總結了以下四點：

一、掌握一定程度的日語

由於本公司是日本企業，如果求職者的日語水準不高，那麼他將很難與總公司進行必要的溝通，所以我們要求求職者必須有「掌握一定程度日語」的能力。但是，因為求職者可以在進入公司之後大幅度提升語言學習能力，所以，我們不會像其他日本公司那樣要求求職者必須通過日語能力測試，而是盡可能地進行多方面的考察，從而確保錄用的新員工符合公司的要求。

二、二十八歲以下

根據經驗，如果求職者的年紀超過二十八歲，那麼他就會形成相對固定的工作習慣，缺少變通性。

三、喜歡日本的書籍、雜誌或漫畫

因為本公司是一家日系出版社，所以不喜歡日本書籍、雜誌或者漫畫的求職者就不會有工作的幹勁。沒有幹勁就永遠不會進步。

四、擁有中國的大學學歷

我們歡迎擁有中國的大學學歷求職者，同時也歡迎大學畢業後去日本留學歸來的求職者。但是，我們拒絕高中畢業後就直接去日本留學的「海歸」。因為這些「海歸」缺乏作為中國人應該接受的「中式教育」、「中國人的教養」。而在文化產業中，這些「中國人的教養」又是中國員工必不可少的東西。所以，不論「海歸」的日語水準有多高，我們都拒不接受。

其實，這四個條件我本來是為了應付總公司的人員來訪而設定的。

按照慣例，公司總部每個月都會派遣很多部門長官來北京短期出差。由於不瞭解中國的「國情」，這些長官依然會從「一致性」和「團隊精神」兩個方面對中國的員工做出判斷。這個時候，具備以上四個條件的人才，哪怕對「一致性」和「團隊精神」毫不在意，也有能力在那幾天裡裝出「對這兩方面都非常重視」的樣子。事實上，經過幾天與中國員工的接觸，這些造訪北京的總公司長官們大多會覺得「真是一群了不起的員工啊」，然後滿意而歸。

在日企需掌握的三大工作技巧：報告、聯絡、商量

即使每次總公司派人來北京時我都會小心對待，可是，世事無絕對，我也遇過嚇出一身冷汗的時候。有一次，一位來北京出差的上級對我下達命令——公司正在考慮與中國的A文化公司合作，希望你們能盡快提交一份關於這個公司的調查報告。

接到命令之後，我立即叫來一位負責處理相關事務的中國同事，並向他傳達了這件事情。他說了一聲「我知道了」，然後就開始著手寫報告。

到了傍晚快下班的時候，這位負責人走到了我面前：

「報告寫完了。」

「辛苦了。」我一邊說一邊開始讀他的報告。

然而，還沒讀幾句，我就發現他寫的並不是關於A公司的報告，而是同屬文化產業的B公司的報告。於是，我趕緊把他叫回來，向他確認。誰知，他竟然淡定地回答：「比起A公司，B公司的業績更好，而且更具有發展前景。我認為我們不應該和A公司合作，而應該和B公司合作。所以，我寫了一份關於B公司的調查報告。」

如果用善意的方式解釋，這位負責的同事是出於對公司利益的考慮，才寫了一份關於B公司的報告。但是，如果我也像他那樣，把這樣一份關於B公司的報告提交給來北京出差的總公司上級的話，那麼，估計最遲下個月，我就會收到一張飛往日本的「單程機票」。說得直白一點，我會被立即免除駐北京分公司的職務。

結果，那天我一個人加班到深夜。第二天一大早，我將一份自己親手整理的A公司資料上交給總公司派來的人。

在和我一樣被派駐到北京工作的日本人中，我認識一位獵人頭公司的總經理。他的公司專門為日本企業輸送中國的人才。我曾經問他：「日本企業現在通常需要什麼樣的人才？」他做出了這樣的回答：

「不管是製造業還是服務業，日本企業都提出了兩個條件：第一，會日語；第二，能夠按日本主管的指示做事。換句話說，日本企業希望錄用的都是既能用日語溝通，同時也具有『一致性』的人。」

聽了他的回答，我突然感覺所有的日本企業好像都在為日本和中國的文化差異而叫苦不迭。

正如在上文中我反覆強調的那樣，日本企業最重視的就是「一致性」和「團隊精神」。所以，對於想要進入日本企業的中國求職者，以及已經在日本企業裡工作的中國員工來說，以下的「三項基本要素」非常重要，那就是「向主管報告」、「和主管聯絡」，以及「和主管商量」（簡稱「報聯商」）。上文中那位擅自將調查對象由A公司換成B公司的負責人就是缺乏「報聯商」的典型例子。不論他的觀點多麼正確，他的這種做法都成為公司內部的巨大隱患。最終，這位負責人似乎也察覺到了自己和日本公司格格不入，所以不久之後主動辭職。

看到這裡，相信您已經發現了，就連像我所屬的日本企業北京分公司都有點欠缺「一致性」和「團隊精神」，那麼中國企業的這種欠缺應該更嚴重吧。

中國老闆命令至上，員工缺乏為公司賣命的動力

我曾經看過我們公司的一個客戶——一家中國廣告公司的主頁。其中，令我感到無比震撼的是，這家公司明明只有一百人的規模，但是在徵人啟事的人數一欄卻赫然寫著「三十人」。

後來，我見到了這家公司的老闆。我問他：

「最近準備開拓新業務嗎？」

「沒有啊。為什麼你會這麼問？」他一臉茫然地看著我。

聽完我的解釋之後，他笑著說：

「對於你們這些在日本企業工作的人來說，可能很難理解。在中國的民營企業裡，人員流動非常頻繁，所以，我們公司雖然只有一百人的規模，但是我們仍然做好了隨時招募三十人的準備。」

聽了他的話，我恍然大悟。但是，與此同時我又大吃一驚。如果是一家規模在百人左右的日本企業，只要沒有大量的新業務出現，那麼這家公司一般只會招募一位新員工。特殊情況下，最多也只招募兩位。

二〇一二年夏天，我回到日本之後，整理了一下自己在北京工作的三年時間裡收到的四千五百多張中國人的名片。結果我發現，在這四千五百多人中，到我回國時為止，依然在名片上寫的那家公司工作的人僅僅只有二十五％左右。也就是說，每四個人裡只有一個人還留在原公司。而且，留下的人絕大多數都是公務員或者國營企業的員工，民營企業的員工只占十％左右。

而在過去的三年裡和我交換名片的日本人中，辭職的民營企業員工的人數比例為十％左右。換句話說，根據我的初步計算，在過去的三年時間裡，中國民營企業的職員沒辭職的比例和日本人辭職的比例一樣。

中國人為什麼會這麼輕易地選擇辭職呢？

這是因為無論中國人有多麼強烈的團隊精神也比不上日本人。

那麼，**為什麼中國人缺少團隊精神呢**？

我個人認為，原因主要有以下兩點：第一，**所有的中國人都有「成為老闆」的想法**。

在北京工作的這三年時間裡，我認識了各式各樣的中國老闆。在飯桌上，很多中國老闆都會一邊大口大口地品嘗著美食，一邊對我說：

「一個中國人是條龍，三個中國人是條蟲。要想讓蟲變成龍，就必須採取『論功行賞』和『殺一儆百』的方法。也就是說，像秦始皇那樣採用法家的思想才是中國企業的正道。

「如果在中國實行像美國那樣的全民總統選舉，那麼十三億中國人沒有一個會在選票上寫候選人的名字，而是寫上自己的名字。中國有句俗話說得好，『寧為雞頭不做鳳尾』。中國人都想成為『人上人』！」

所有中國人都想當老闆。隨著和中國人接觸機會的增多，我越發深切地體會到了這一點。同時，我也理解「為什麼在中國公司裡都是老闆一言九鼎」，那是因為除了老闆之外，公司裡的其他人幾乎都沒有權力可言。

而日本公司則多採用「逐級向上」的方式。首先是公司最基層的職員提出方案，上報科室。全科室審議通過後，將方案報告至上級部門。上級部門審議通過後提交至董事會。最終如果董事長同意這個方案，就代表方案得到了全體公司成員的同意。

藉由這個過程我們不難看出，對於一個方案，從基層職員到公司董事長的公司內各個層級都有參與其中。也許這稱不上是絕對的「民主主義」，但是公司裡的大部分員工都或多或少地貢獻了自己的一份力量。這樣不但培養了公司員工的「一致性」和「團結精神」，同時也增強了員工對公司的熱愛。最後，公司的營業額也會「水漲船高」。

但是在中國的企業中，我們看到的是完全不同的景象。二〇一〇年九月，我參加了在中國天津舉辦的「夏季達沃斯會議」。會議期間，我遇到了中國極具傳奇色彩的勵志型創業者、阿里巴巴集團總裁馬雲，並和他站著聊了一會兒。我向他提出了一個在很久以前我就想請教他的問題：「作為中國大型民營企業的掌門人，您是如何統領旗下的一萬多名員工的？」馬雲總裁一臉嚴肅地回答我：

「可以用一句話來概括我們公司內的規則，那就是『接受就留下，不接受就辭職』。換句話說，我對公司裡所有人的要求就是，想要繼續留在公司，就必須對我的話言聽計從。」

阿里巴巴就是這樣一個典型的「自上而下式」的中國企業。這種企業最大的優勢就是能夠迅速做出決策。所以對於在日本公司裡工作的我來說，和這樣的公司談生意真是太「順暢」了：撥通「老闆」的電話，約好見面的時間，然後依約到他的辦公室和他面談。前後用不了三十分鐘，「老闆」就可以做出「公司決定」。

但是，這樣的中國企業也有一個致命的弱點：除了「老闆」之外，公司裡的其他員工不但沒有任何基本許可權，並且還被要求必須忠實地執行「老闆」的決定，所以員工的心裡根本不會產生對公司的熱愛。

而且，在員工看來，「反正公司是老闆的，我只不過就是一個可以被隨時換掉的齒輪而已」。所以，他們理所當然地失去了「為公司的發展而努力」的動力。最終，這些消極的方面導致了他們「一致性」與「團結精神」的匱乏，進而導致公司業績的不穩定。所以，在這樣的民營企業中，三年內有九成以上的員工辭職就不足為奇了。

除了大規模的辭職之外，這些中國企業還有一個性質更為「惡劣」的習慣——後繼無人。

在日本企業裡，如果某項工作的負責人調動職位或者辭職，那麼他必須先將手頭的工作轉交給他的繼任者。而這種交接所需的時間一般為一個月左右。在這段時間裡，離職者會帶著繼任者一起拜訪主要的客戶，向客戶解釋說「今後由某某接替我的工作」，並懇請客戶今後一如既往地照顧自己的繼任者。之後，離職者會用相同的方式，幫助繼任者處理好公司內部的關係。另外，離職者會仔細地把自己正在負責的工作移交給繼任者。對於自己在以往的工作中交換來的名片，離職者也會在仔細整理之後轉交給繼任者。在移交的過程中，離職者還會對每一張名片都進行詳細的說明。

所以，在日本企業裡，即使發生負責人的變更，工作也不會出現任何遺漏。從公司整體來看，員工的人事變動不會對公司造成任何影響，所有的工作都可以按部就班地繼續向前推進。

可是，在中國的民營企業裡，如果某位員工辭職了，那情況就完全不同了——客戶發郵件給他，他不會回覆。打手機給他，他會說：「我已經辭職了，某某公司的事情與我沒有關係了。」要是客戶問：「那麼由誰接替您的工作呢？」他就會說：「我已經辭職了，所以我也不知道。」由此可見，這位離職者和他的繼任者沒有一絲一毫的「一致性」和「團隊精神」可言。

因此，在和中國的民營企業做生意的時候，對方的老闆三十分鐘「拍板」的高效率讓我感到十分高興，但是之後的事情就讓我非常頭痛了——中方的員工一個接一個地辭職，合作專案的負責人也隨之換了一個又一個。由於離職者和接任者之間沒有任何的工作交接，所以中方每換一個負責人，專案就要從頭再來一次。而在這個反反覆覆的過程中，中國的老闆還有可能改變主意，終止合作。

中國經濟快速發展，機會處處，導致人才容易跳槽

中國人容易辭職的第二個理由是，隨著改革開放的深入，中國的經濟高速發展，機會隨之越來越多。

在過去的三年時間裡，我每年都會代表公司和北京分公司的每位中國員工簽署

新的「聘雇合約」。這好像是外資企業裡特有的制度，所有員工和公司簽署的「聘雇合約」內容每年變更一次。所以，每逢員工入職滿一年、兩年、三年的時候，我就會一對一地和員工簽署下一年的合約。

在簽署新合約之前，我會要求員工就以下四點向我報告：一、在過去一年中取得成績以及收穫的感想；二、下一年的工作目標；三、下一年的目標薪資；四、對公司的建議以及意見。

然後，我會將大家的報告提交給東京總公司董事會。當然，在此之前，我會以北京分公司代表的身分和每位員工單獨面談，對他們提出一些意見和建議。

這種面談，有的僅僅持續十五分鐘，可是有的會持續兩個小時以上。總體而言，中國員工對自己的評價遠遠高於我對他們的評價。他們經常會這樣反覆強調：「某專案的成功完全是我的功勞，某專案的順利推進也是我的功勞。所以我希望明年能夠多加點薪水！」可惜的是，我並不是公司董事會的成員，雖然很想滿足大家提出的要求，但我只能原原本本地向總公司報告，然後看準時機多為大家美言幾句罷了。

雖然這些中國員工的要求很高，但是在他們的報告中，我根本找不到諸如「和其他員工保持一致」、「作為公司的一分子，與他人團結一致」、「融入到團隊中」等等字眼。這是因為公司裡所有的員工都是徹頭徹尾的「孤狼」。

另外，在經歷了幾次合約續簽之後，我漸漸習慣從經營者的角度將中國員工分成截然不同的兩類——「被獵人頭公司覬覦的員工」和「不會被獵人頭公司覬覦的員工」。說得直接一點，其實就是「優秀的員工」和「不優秀的員工」。

在這兩類員工中，我肯定會更為慎重地聽取前者的意見和要求。這是因為如果我稍有怠慢，這類員工很有可能突然向我提交辭呈，然後跳槽去別的公司。在中國這樣一個經濟高速發展的國家，越優秀的員工，跳槽的機率也就越高。

我曾經小心翼翼地向一位優秀的員工打探過他對跳槽的看法。他說：「如果獵人頭公司能提供一份高出我現在薪資三十％的工作，我會毫不猶豫地跳槽。」於是，後來每當他以感冒為由請病假的時候，我都會擔心「他是不是去參加獵人頭公司的面試了」。

當然，我也遇到過完全相反的情況。在上文中我提到，我曾在三年的時間裡，面試過一百五十多位中國的年輕求職者。其中就有幾位是我在其他日本公司的辦公室經常遇見的「熟人」。

「咦！你不就是某公司總經理的祕書嗎？今天來我這裡面試，你是怎麼向某總經理解釋的？」我好奇地問。

「我說我母親病了，要送她去醫院。」她坦然地回答道。

「你為什麼會放棄某公司這麼一流的企業，而考慮到我們公司來？」我繼續問。

接下來，她就滔滔不絕地說出了一大堆關於某公司和她的日籍上司的壞話。

在聽她回答的同時，我不禁想起了那位曾和我一起吃過飯的某總經理——被自己的員工惡語中傷到如此地步，他真是太可憐了。不過，在同情他的同時，我也感覺後背一陣發涼。看來在別家公司的會議室裡，一定有我們公司裡希望跳槽的人在戳我的背吧。

「究竟怎樣才能讓中國員工萌生對公司的熱愛呢？」面對這樣的現狀，我一度陷入長時間的思考。最終，我得出一個平凡得不能再平凡的答案——**在中國這樣經濟高速發展的國家裡，企業只能透過「盡量滿足員工的薪水要求」來培養員工對企業的熱愛**。

中日企業的優、劣雖完全相反，但合作前景依舊樂觀

二〇一二年九月，我又參加了在中國天津舉辦的「夏季達沃斯會議」。這是自二〇〇七年起，我連續第六次參加「夏季達沃斯」。在與會者中，除了我之外，還有一個人也是連續六次參加「夏季達沃斯」，他就是二〇〇八年北京奧運的官方指定贊助商、中國最具代表性的民營企業，「愛國者集團」董事長馮軍。每年在「夏

季達沃斯」上遇到馮軍，我都會和他暢談很久，二〇一二年也不例外。我問他：「你覺得中國企業和外國企業是完全不同類型的企業嗎？」他做出了這樣的回答：

「難道不是完全不同類型的企業嗎？如果中國企業原封不動地引進日本或者歐美等已開發國家的企業文化，那是不可能獲得成功的。**中國人喜歡的不是重視團隊精神的西洋棋，而是只考慮個人利益的麻將。在倫敦奧運上，中國收穫了三十八面金牌，可是這些金牌大多是個人項目的金牌。在足球等典型的團隊合作項目上，中國隊即使招募到了世界上最好的教練也無濟於事。企業也是如此。成功根本不靠團隊協作，只憑企業經營者的個性。這就是中國企業的特徵。**」

對於馮軍董事長舉出的關於足球的例子，我也深有體會。如前所述，我在被譽為「日本的巴西」的足球城市埼玉縣浦和市長大，從小就喜歡看球。來到北京之後，我也經常去距離公司步行僅十分鐘的工人體育館聲援北京國安足球隊。

但是，雖然同為職業球隊，北京國安隊的風格和日本職業足球聯賽中球隊的風格完全不同。用一句話來概括就是，根本看不到北京國安隊的團隊配合。

在球場上，國安的球員表現出了對「個人進球」的強烈欲望。即使是在「自己進球機率僅為十％，傳給隊友後，隊友進球機率為五十％」的情況下，也會選擇「不傳球、自己射門」。在日本的職業足球聯賽中，如果某位球員連續兩次做出這種「自私」的事情，那麼他就會被立即換下場。可是，幾乎所有的國安球員都想

「自己射門」，所以結果就像馮軍董事長所說的那樣，北京國安隊無法成為亞洲的頭號強隊。

後來，我又問馮軍董事長說：「這樣的中國企業今後能夠走上國際化的道路嗎？」

他回答說：「中國本來就是一個由五十六個民族組成的多民族國家。這就相當於中國已經實現了一定程度的國際化。在中國，如果在和自己同桌吃飯的人裡有一位穆斯林，那麼在點菜時，誰都會禮貌地不點豬肉。但是，在由單一民族構成的國家裡就沒有這樣的禮法，所以這個國家一般都會具有排斥外國企業的傾向。」

「日本就是這樣一個由單一民族構成的國家。那麼，這是不是意味著中、日兩國企業間的合作前景不容樂觀呢？」我提出了中日合作的問題。對此，馮軍董事長微笑著說：

「日本企業擁有非常好的團隊精神，以及出類拔萃的技術。但是高額的生產成本導致其產品失去了在世界市場上的競爭力。而中國企業雖然人才流動十分迅速，技術水準也相對不高，但是正處於資本積累的過程中。

「換句話說，中日兩國企業的優勢和劣勢完全相反，所以現在正是合作的最佳時機。在過去的五年時間裡，中國企業和台灣企業建立起了穩定的合作關係。要是中國企業和日本企業也能像這樣增加合作的話，那麼隨著中日經濟一體化的深入，關係企業的數量增加，兩國之間就不會發生不愉快的爭端了。」

說完這些話，馮軍董事長友好地拍了拍我的肩膀。其實，我對中國企業經營者的佩服之處就是他們擁有一切向前看的開朗性格和樂觀主義精神。

衷心希望中日兩國能盡快步入「互通有無，取長補短」的「合作共贏」時代。

第四章

日本缺什麼：年輕人的力量

在不景氣時期，日本能夠依賴的應該是「年輕人的力量」，但是現在的日本年輕人全都龜縮在自己的世界裡。這些年輕人都出生在泡沫經濟崩塌之後的「失落的二十年」裡，比起如何增加存款，他們更加瞭解怎樣才能不減少存款，並且對於「不景氣」和「節約」早已習以為常。換句話說，再也不會出現胸懷「我當成為日本的賈伯斯，我要重建日本輝煌」這種氣概的年輕人了。

七十一歲高齡的馬術選手居然取得奧運參賽資格

二〇一二年八月三日，炎熱的倫敦。這一天，在奧林匹克的馬術比賽現場，一名來自日本的選手受到了全世界媒體的關注。他，就是法華津寬。這位來自日本的選手之所以受到全世界的矚目，是因為他那時已經高齡七十一歲，絕對是本屆倫敦奧運參賽選手的最年長者。

四十八年前，法華津選手就曾參加一九六四年在東京舉辦的奧運。二〇〇八年，他又參加了北京奧運，而在當時他已是六十七歲高齡，同樣為北京奧運參賽選手的最年長者。

據說，已逾古稀的法華津選手至今仍保持著每天七小時的馬術練習以及腹肌練習。今年春季，他一舉擊敗日本其他奧運候補選手，爭取到代表日本參加二〇一二倫敦奧運的寶貴機會。遺憾的是，他在倫敦奧運的第一次馬術預賽選拔中僅排名第四十位，沒能進入第二場三十二強的預選賽。然而，在現場觀看比賽的觀眾們仍舊將獻給金牌選手的熱烈掌聲獻給他。

倫敦奧運後，法華津選手的活躍表現在日本掀起「法華津熱潮」。他儼然成為全日本銀髮族的英雄。

巧合的是，在「法華津熱潮」興起的時候，我剛剛結束在北京為期三年的工作，返回東京。在久違的祖國，當我發現人們著迷地看著電視轉播法華津選手的比賽實況、為他的舉手投足而感動的時候，我簡直目瞪口呆。雖說在馬術比賽中馬兒是半個主角，但連七十一歲高齡的老人都無法匹敵的日本年輕一代馬術選手該是何等的無作為呢？鑒於這般稀有現象在中國以及世界其他各國都沒有出現，所以我想，在讚譽法華津選手之前，是不是應該先批判一下日本年輕人的孱弱無能呢？

如今，奧運的主角是全世界的「八十後」和「九十後」們。正是奧運讓我知道青春是何等美好、絢麗的存在。而只有在日本這個社會，即便是原本屬於年輕人的奧運，也被老年人橫刀直入地奪去主角的位置。

在奧運轉播空檔播出的娛樂節目中，一位名為日野原重明的老爺爺成為明星。他是一名醫生，當時已經高齡一百零一歲，出生在辛亥革命那一年（一九一一年）。

六十五歲是第二次青春的開始

這位老醫生自己開發了一個「十年記事簿」，並一直隨身攜帶，片刻不離。據說在這個記事簿上，寫滿了未來十年內的計畫和安排。也就是說，他宣稱自己至少要健康地活到一百一十一歲。「到了一百歲以後，我不再通宵寫稿了，但是海外演講還會繼續下去。」老人家心平氣和地說。據說，我的一位同事向這位超級老爺爺提出採訪申請時，他回答：「這四個月之內都忙，所以四個月後可以有三十分鐘的時間接受採訪。」

日野原重明的口頭禪是「六十五歲是青春的開始」。日本人通常在六十歲退休，從六十五歲開始可以拿到養老金。被稱為「團塊世代」，在二次戰後第一次嬰兒出生潮（一九四七～一九四九年）出生的七百萬人也已經開始成為養老金支付對象。日野原醫生的口號正是向這些「團塊世代」們呼籲：「從現在開始，盡情享受你的第二次青春吧！」

根據二〇一一年的統計結果，日本男性的平均壽命為七十九．四四歲，女性的平均壽命為八十五．九歲，日本已然進入高齡化社會。出生率則下降至一．三九％，二〇一一年的新生兒人數僅為一百〇五萬〇六百九十八人，比前一年減少了兩萬〇六百〇六人，刷新了新生兒出生人數的歷史最低數字。

其次，二〇一一年僅有六十六萬一千八百九十九對新人步入婚姻殿堂，比前一年減少了三萬八千三百一十五對，刷新戰後的最低數字。平均初婚年齡也以每年〇．二歲的速度提高，二〇一一年的初婚年齡達到了男性三十．七歲，女性二十九歲。也就是說，新人們孕育第一個孩子的平均年齡已經突破了三十歲，達到了三〇．一歲。

日本正在以可怕的速度向高齡化社會邁進。在現今的日本，四個人中就有一個人是六十五歲以上的老年人，老年人在社會結構中所占比例已達到二十三．三％。即便如此，老年人的比例還在如即將決堤的河水衝擊著河壩一般，以每年一％的速度持續增長。照這樣下去，幾十年後，河水必將氾濫成災——日本將進入每兩個人中便有一個六十五歲以上老人的超超超高齡化社會，變成「老人的海洋」。

日本街頭上的年輕能量正在消失

二〇一二年七月，時隔三年從北京回國的我剛抵達東京羽田機場，令人戰慄的光景便映入眼簾。這裡沒有北京首都國際機場內隨時可見的年輕人喧囂，取而代之的是彎腰駝背的老人身影。機場商店的店員也都是「資深美女」。要說機場內還有「年輕人的聲音」的話，那就只有廣播飛機起落的女性播音員的聲音了。

走出機場，向列隊待客的計程車一眼望去，裡面同樣坐滿了銀髮族司機。還有在巴士候車處等待的老人們……

日本的年輕人究竟去了哪裡？

坐在從機場到市區的夜行巴士裡向外觀望，不管是銀座的霓虹街，還是池袋的飲食街都不見年輕人的蹤影。回想自己的年輕時代，經常會遊走在這些繁華街道間。而如今，一切物是人非。

在夜行巴士下車處，有一家深夜依舊在營業的麥當勞。因為有點餓了，我走進店裡打算買一份漢堡套餐。沒想到，裡面的店員依舊是年邁的老婆婆。後來我從新聞中得知，日本的麥當勞竟然雇用了三千四百多名六十歲以上的老人到店裡打工。

在深夜啃著漢堡的我忍不住歎息。環顧四周，就連深夜的麥當勞裡也以喝得爛醉的老人居多，年輕人連半數都不到。這個失去了活力的「東京沙漠」，難道就是祖國的末日光景嗎？

回想二〇一一年三月日本東北大地震時，當時我在北京的電視上看到鏡頭裡的難民們大多是老人，不禁大感驚愕。原本以為年輕人們腿腳靈活，可能逃去了更遠的地方，但事實上並非如此。其實，年輕人早就離開東北地區了。

在距今已有半個世紀的一九六四年，配合舉辦東京奧運，日本首次開通聯結東京與大阪的東海道新幹線。此後，因實現了中日邦交正常化而被世人廣為景仰的田中角榮首相一聲令下，提出不管是日本的哪個角落都可以在七小時以內抵達東京的目標，在全國各地大舉建設新幹線。那時，生活在農村的人們也懷抱著小小的期望，以為新幹線一開通，城市裡的人們就能夠前來農村觀光旅遊了。

那時的我也是這樣認為的。然而事實並非如此。如今，全日本的年輕人都坐新幹線去東京了，農村變成了老人的世界。日本憲法第二十二條有規定，「所有國民具有選擇居住地的自由」，所以他們離開農村，了無障礙。

那麼，為什麼年輕的能量從日本的城市街頭消失了呢？這跟日本的傳統思考方式有關。

話說日本這個國家，在長達七百年間的武家社會，特別是武家社會後期的江戶時代（一六〇三～一八六八年），受到當時的國學——儒家學說的影響，繼承了「年功序列」的傳統。對於輩分在自己之上的人，日本人習慣使用「另一種日語形態」——敬語。所謂的日本社會，其實就是將兩千五百年前孔子所提倡的「長幼秩序」嚴格又固執地延續至今的社會。

所以，日本人典型的人生規劃都是隨著年齡的增長呈逐漸上揚的趨勢。比如二十二歲或二十三歲大學畢業到大企業就職、三十歲成為系長、四十歲成為課長、五十歲成為部長、五十五歲成為董事、六十歲成為社長。這一發展過程與孔子「三十而立、四十不惑、五十知天命」的說法是相互吻合的。

按照這個發展趨勢，二十歲的年輕人沒有任何職位官銜，只是最底層的薪水階級。然而在我的年輕時代，沒有的只是地位，年輕的精力和能量是無窮盡的。當時身處泡沫經濟鼎盛時期的我們，就如同現在的中國年輕人，都天真地相信「世界是我的」，每天嬉笑怒罵，過著多彩多姿生活。

確實，當時的日本是世界最富裕的國家之一。世界上大量的財富匯向日本。世界各地的官員政要、跨國公司老闆、電影明星、體育選手、藝術家等等世界精英常駐東京。東京儼然一副世界大都市的風采。

所以當時的我們都胸懷大志，相信自己「雖然現在什麼也沒有，但將來一定會成就一番大事業」。這樣的年輕人散布在日本的大街小巷，為城市帶來無限的生機和活力。

然而現今東京的街道，只有安靜、乾淨和成熟。不知何時起，「年輕的力量」悄悄地消失了。

經濟衰退、物價高、通貨緊縮，導致年輕人收入低

這與日本經濟泡沫化後被稱作「失落的二十年」的時代背景有很大的關係。如今日本不僅沒有像中國一樣每年七%～八%的「上揚型」經濟增長，而且是呈「下挫型」負增長趨勢。

負增長就是通貨緊縮。我介紹一下二〇一二年末日本通貨緊縮的情況。

十二月的東京，每天都是「忘年會」的日子。忘年會是日本的公司在每年年底舉行的傳統聚會。時隔四年回到日本再次參加忘年會時，我驚訝地發現，會費竟然

比以往便宜了很多，而且，忘年會結束後，大家都乘坐地鐵回家。像以前那樣，忘年會結束後去卡拉ＯＫ唱歌，並在深夜搭計程車回家的習慣已然消失殆盡。

在這年底的忘年會熱潮中，有一天我在銀座附近參加記者俱樂部的忘年會，由於聚會提早結束，我順道去以前經常光顧的理髮店。到了年底，日本人都有去理髮店剪髮的習慣，以俐落的髮型來迎接一年之中最重要的元旦。

然而結賬時，我驚訝地發現理一次頭髮竟然只需要一千日元（約新台幣三百元）！「我記得以前剪髮不是需要四千日元（約新台幣一千兩百元）嗎？」我向店長確認。結果店長苦笑著回答說：

「那是泡沫經濟時代的價格吧。隨著泡沫經濟的破滅，剪髮的價格由四千日元降到三千日元（約新台幣八百八十元），再由三千日元降到兩千日元（約新台幣三百元），現在已經降到一千日元了。要是不這麼調整價格的話，上班族都不會光顧我的店了。」

聞此，我更加瞭解日本通貨緊縮問題的嚴重性。

對於理髮店來說，不管手藝有多好，如果沒有客人光顧就是零收入。所以店家只能透過不停地調整價格來招攬客人入店。但是，價格降得越低，店家所得的利潤就越少。利潤減少，店員拿到的工資也隨之降低。工資降低，維持家計就會很艱難，自然就會控制購物消費。當人們開始不再消費，商品價格就只能越降越低。

這就是近二十年來困擾日本的最大問題——通貨緊縮的螺旋式上升。在中國，困擾著人們的問題是無論是大米、蔬菜還是房子，都在漲！漲！漲！恐怕現在已經沒有任何一件東西的價格與二十年前持平了吧。

然而日本所苦惱的問題卻正與之相反。歷代政府使出渾身解數依舊無法改善通貨緊縮的狀況。

被稱作日本國民美食的吉野家牛肉飯的價格已經由每碗四百日元（約新台幣一百二十元）下調至了兩百五十日元（約新台幣七十五元）。與此相比，北京的吉野家牛肉飯的價格已經上漲到每碗人民幣十六塊半（約新台幣八十元），估計過不了多久，中日的價格就會發生逆轉。

還有的商品已經發生了價格逆轉。在東京街頭，所有的生活必需品都可以用一百日元（約新台幣三十元）單價買到的「百元店」相繼開張。筆、電腦、鬧鐘、碗、牙膏粉、碗麵……我家門前的「百元店」裡，據說五千多種生活必需品一應俱全。

在店裡，被如此廉價划算的商品所包圍的消費者自然樂不可支。然而，這樣真的好嗎？隨著國民收入的減少，經濟發展也自然不會呈上揚趨勢。

在日本，二〇一二年十二月十六日舉行了首相選舉。之所以在野黨自民黨的安倍晉三總裁呼聲甚高，正是由於他宣稱將實行具有劃時代意義的新金融政策，帶領日本走出通貨緊縮的困境。

他口中所說的政策是指以二%的通貨膨脹目標，命令日本銀行大量印刷紙幣、購買國債，使經濟無論如何都要達到二%的通貨膨脹率。對此，日本銀行雖反駁稱「如果那樣做，日本的金融系統即將崩潰」，但是安倍總裁依舊堅持「要想使日本的經濟形勢得到好轉，唯有設定通貨膨脹目標制」。安倍此舉使其在此次選舉中得到了國民的支援，十二月二十六日再次當選首相。

日本社會講究輩分，老年人把持職位與資金

我們回到年輕人的問題吧。在這種形勢下，日本並沒有擺脫掉「年功序列社會」的老傳統，導致年輕人的機會少之又少。在最近，老年人的充沛精力甚至出現了恆久態勢，不再將工作職位讓給年輕人。

其結果就是導致日本變成了只有老年人持有金錢資本的社會。年輕人不僅人數銳減，更因為沒有錢而不再外出玩樂。所以，在夜晚繁華的街上也難見到年輕人的身影。

日本的個人金融資產約有一千五百兆日元（約新台幣五百七十八兆元），其中六成被已經退休的老年人所持有。六十歲以上的日本老年人消費支出額在二〇一一

年達到一百〇一兆日元（約新台幣三十八兆元），首次突破了一千兆日元（約新台幣三十兆元）。這個數字占日本人個人年消費額的四十四％，將在未來超過半數水準。因此，日本的中央銀行——日本銀行在二〇一二年夏天發表了題為《日本經濟形勢的復活關鍵在於喚醒中老年人群的消費》的報告書。

與此相比，年輕人在大學畢業之後，每個月只能拿到二十萬～二十五萬日元（約新台幣六萬～七萬三千元）的工資。這個數字還是指稅前，如果按稅後算的話就只有十五萬日元左右。換算成新台幣也只有四萬三千多一點而已。

這個數字與我在二十幾年前作為新人開始工作時拿到的工資基本是一樣的。也就是說，在日本，年輕人的工資二十幾年來沒有發生變化。這對於每年工資漲幅可達到十％到五％的中國人來說，估計是不可思議的事吧。

所以，在現今的日本社會中活躍的都是一些年過五旬的中老年人。

而年輕人則像短尾？一樣潛身在社會的最底層。

便利商店、百貨公司轉型，以爭取有購買力的老人

在第一章中講述的便利商店，曾經在很長一段時間內，是日本年輕人消費的代表。追根溯源，日本的便利商店最初就是以「讓年輕人可以在店裡買得到所有想要

的東西」為經營理念的。所以為了招攬喜歡夜生活的年輕客源，即便在深夜，日本的便利商店也堅持營業。

然而，看一下日本便利商店業的代表——7-11在二〇一一年的銷售額便會發現，在其全部客源中，有三十一%的客人都是五十歲以上的老年人。另一方面，二十九歲以下的年輕客人減少到了三十三%，二〇一二年，老年人與年輕人客源比例很有可能已經發生了逆轉。在中國城市做類似的調查的話，得到的結果應該恰恰相反吧。

所以據說如今在日本的便利商店內，主要客層是年輕人的漫畫雜誌、可樂等商品有所減少，取而代之的是中老年人喜歡的和果子，以及口感柔軟易於咀嚼的蔬菜類商品。甚至在地方城市，設置供老人扶握的把手，或提供便當等派送服務的7-11也有所增加。與其說是「便利商店」，不如說其已演變成了「老年人援助超市」。

在進行了一連串應對「消費族群轉變」而採取的商品調整措施後，7-11在二〇一三年二月期的營業利益額預計將比前一年增長七%，達到三千一百億日元（約新台幣九百〇七億元）。專為中老年人設計的便當等銷售，每年將產生約三千億日元（約新台幣八百八十億元）的利益額。

東京的各大百貨公司就更看不見年輕人的身影。在我還是大學生的二十世紀八〇年代後期，在日本曾興起一場針對年輕人、被稱作「設計師品牌」（強調設計師個人風格及理念的品牌）的時尚風潮。也許是由於身處泡沫經濟鼎盛時期的緣故，年輕人樂於將金錢消費在這種可以彰顯自己個性的時尚。所以在那個時期，一貫將「家庭」作為主要客源目標的百貨公司將其主要的消費人群定位從「家庭」轉向了「年輕人」。

然而二十幾年後的今天，日本百貨公司的主要客源定位既不是「年輕人」，也不是「家庭」，而是「中老年人」。到百貨公司裡四處觀望一番，會發現根本就見不到年輕人的蹤影，取而代之的，盡是一些步履蹣跚的中老年客人。

這裡偶爾也會有一些年輕人光顧，那便是來自中國的觀光客了。現今，全東京的知名百貨公司林立的「銀座大街」已然變成半個中華街，百貨公司的售貨員也都拚命地學中文。我曾經幾度試著假裝為中國觀光客向售貨員詢問商品，那些二十幾歲的女售貨員都拚命用一口蹩腳的中文應答。

不幸的是，二〇一二年秋天發生釣魚台群島主權爭議事件以後，中國的旅客大幅減少了，希望日本的商場能夠盡早回歸以前的繁華。

在此背景下，各家百貨公司也爭相對客源向中老年化轉變的情況採取對策。擁有三百四十年歷史的三越日本橋總店計畫在二〇一四年之前斥資九十億日元（約新台幣二十六億元）進行重新裝修，其隔壁的高島屋計畫在二〇一三年之前斥資二十億日元（約新台幣五億八千萬元）重新裝修。此外，新宿的伊勢丹總店耗資一百億日元（約新台幣二十九億元），橫濱的高島屋耗資一百四十億日元（約新台幣四十一億元）用於重新裝修。「我們將把中老年客人作為重點對象，爭取在二〇一五年前實現三百億日元（約新台幣八十八億元）的營業利益。」——高島屋的鈴木弘治社長在接受日本經濟新聞的採訪中如是說。

百貨公司針對中老年客源所做的調整體現在以下幾點。比如，在女裝賣場內增加適合老年人的「S」size商品，並在附近增設老年人較為需要的「假髮賣場」；在鞋子賣場內，增售老年人早晨散步時穿的鞋子以及晚上購物時穿的鞋子；在體育用品賣場內，銷售適合老年人穿著的無誇張圖案設計的泳衣；在地下的食品賣場內，備齊利於老年人咀嚼的、口感柔軟的蔬菜。

就算是在兒童賣場內，賣家也考慮到被稱作「育爺」（照顧孫子或孫女的祖父們）的老年人客層，增售高價的兒童商品。因為這些「育爺」們只要是為了自己的孫兒，不管多少錢都願意出。甚至在兒童商品旁邊還準備「育爺」們可以為自己購置的高價鐵道模型等老年玩具。

此外，百貨公司在店內減少了台階設計，取而代之的是帶有扶手的緩行步道，並增加從百貨公司到最近的地鐵站或停車場的接駁巴士服務。

大型連鎖超市永旺（AEON Group）從二〇一二年六月起將其旗下約一千家店鋪的營業時間從上午九點調整到了早上七點，也是出於對老年人習慣早起的考慮。

用以上這些來說明「日本的消費主流是中老年階層」，可能中國的讀者們會反駁：「年輕人都在網路上購物，當然不會去百貨公司了。」但是，這樣的反駁只在中國才成立。

我們可以看一下在日本具有代表性的電子商務公司雅虎日本的銷售額，以二〇一二年夏季的集中促銷戰為例，五十歲以上消費者的消費額占全體的十四．五%，二十到三十歲消費者的消費額占全體的十四．二%。另外，根據大型廣告代理公司電通的調查顯示，六十到七十歲老年人的網路使用率達五十七%，就連七十到八十歲的老年人也有二十三．三%的人在使用網路。展望未來，不如說腿腳不靈便的老年人成為網購主力軍的時代即將到來了。

日本年輕人對海外旅遊增廣見聞不感興趣

請允許我再提一下自己年輕時代的往事吧。在我的青年時代，年輕人們哪怕只有幾天的假期，也會出國旅行。我在二十幾歲的時候，也曾周遊亞洲、歐洲、美洲約五十個國家。

一九八九年，在我獨自一人進行為期兩週的大學畢業旅行、前往義大利的時候，分別在羅馬、佛羅倫斯、米蘭的街頭偶遇我的三位大學同班同學。我們四個人原本都是單獨出行，卻在國外的街頭偶遇。由此可見，在我們的年代，大家是那般渴望日本之外的世界。

順便說一句，那時的日本年輕人在海外旅行時一定會隨身攜帶一本旅遊指南叢書《地球のき方》（中國版名稱《走遍全球》，台灣版名稱《地球步方》）。根據目的地的不同，這套旅行指南叢書共有一百五十冊左右，其最大的特色就是紀錄年輕人在世界各地的名勝古蹟、酒店、餐廳的真實所見及感想，諸如「某某酒店的房間環境不太好，但是它旁邊第三家的餐廳既便宜又美味」等等，既實用又新鮮的資訊盡收其中，成為當時最受年輕人歡迎的旅行指南。

然而，為什麼《地球のき方》這套旅遊指南在日本突然沒有銷量呢？簡單來說，是因為現今日本的年輕人不再像以前那樣去海外旅行了。而我在北京的新華書店發現，《走遍全球》目前在中國成為暢銷書了！

在到北京工作前的二〇〇八年至二〇〇九年，我曾在「東京六大高校」之一的明治大學擔任「亞洲關係理論」的講座教師，每週都會有三十人左右的學生前來聽講。每到臨近暑假或寒假，我都會不厭其煩地對我的學生說：「就算跟父母借錢，也要出去看看外面的世界！」

但是在暑假或寒假結束後的第一堂課上，當我詢問有誰去了國外旅行時，答案卻是沒有一個人去過。

我說：「你們為什麼不想趁年輕的時候到外面廣闊的天地去看一下呢？」

學生：「外國是什麼樣子，與我自己的生活毫無聯繫啊。需要瞭解什麼的時候，直接上網不就什麼都知道了嗎？」

我：「不是這樣的。不是有一句諺語叫『百聞不如一見』嗎，年輕時候在海外的豐富閱歷會成為你們一生的財富。」

學生：「真是這樣子嗎？不過，坐幾個小時的飛機去一個語言不通的國家簡直太麻煩了，還是沒有興趣啊。」

我最後其實想對他們說：「如果對外國完全沒有興趣的話，那也沒必要選修『亞洲關係理論』課了啊。」不過顧慮到如果那樣說的話，可能以後就沒有學生會來聽課，便把話吞進了肚子裡。

事實上，這幾年我往返於中、日之間，在飛機裡很少看見前往中國的日本年輕人。前來北京觀光的主角依舊是老年人。

不僅僅是北京，去海外旅行的日本人也大多是老年人。二〇一一年日本海外旅遊的遊客中，六十歲以上的老年人占十九．一%，超過二十九歲的年輕人占十七．七%。二〇一二年去海外旅遊的日本人達到一千八百五十萬人，超過二〇〇〇年的最高紀錄一千七百八十一萬人。這主要因為六十歲以上的旅客大幅增加。

日本大型旅行社ＨＩＳ在我年輕的時候，曾推出針對年輕人的廉價機票套餐，並以此大賺了一筆。而如今，HIS的主流業務已經轉向為中老年遊客提供有導遊陪同的豪華海外旅遊業務。將業務針對中老年客層調整，使HIS在二〇一二年的經常利潤額比前一年度增長了二十七%，達到了一百四十億日元（約新台幣四十一億元）。

二〇一二年十一月四日，在河北省張家口市懷來縣裡的萬里長城罹難去世的三個日本人，年齡分別是六十二歲、六十八歲、七十六歲。這條消息令中國人驚訝：日本的老人們竟然願意冬天爬萬里長城！

比起日本的老人，日本的年輕人就顯得保守多了。根據日本文部科學省的統計，在海外求學的留學生人數在二〇〇四年為八萬兩千九百四十五人，而在二〇〇九年則下降到五萬九千九百二十三人。很明顯，現在的日本年輕人呈「保守型」趨勢。

同時，日本的少子化現象得不到緩解。二〇一一年，日本國內七百八十三所大學中，占全國大學二十八%的兩百二十三所大學都招生名額不足。也就是說，每十所大學裡就有近三所的報名考生人數少於大學計畫招生數。說得極端一些，像這樣的大學，只要在考卷上寫上自己的名字，就可以考上。

所以二〇一二年十一月二日，文部科學省大臣田中真紀子發布消息，說北海道、秋田縣、愛知縣打算在二〇一三年四月新成立三所大學的計畫決定取消。針對文部科學省大臣的這一措施，日本各界展開了激烈的論爭。

日本的各所大學為了招攬中國留學生真可謂使出了渾身解數。教授們一年內會多次拜訪中國，向中國的各所大學低頭請求合作，希望有更多的中國學生能夠就讀自己的學校。在日本，文部省會根據學生人數下發教育補助金，所以各所大學為了招攬更多的生源而四處奔波。二〇一二年，在招攬中國留學生方面表現消極的日本百年名牌私立高校東京女學館倒閉。

另外，少子化現象使得長年困擾年輕人的最大難題「高考大戰」面臨「終戰」之勢。確切來說，緊張的應試大戰由大學入學考試轉向中學入學考試。因為在十二歲小學畢業後，如果可以順利考入熱門大學的附屬中學，那未來便可以不需要考試就直升熱門大學了。可是「高考大戰」消滅後，「中考」卻日益激烈了起來，以至於孩子們上下課的路上也要看教科書，真可憐。

日本年輕人沒錢買房、買車

再說「老人天下」的話題吧。在二〇一二年的夏天，我結束了北京的工作回到東京。因為在北京買了太多書，以至於以前的房子稍嫌狹窄，便考慮換一間便宜些的二手屋。我前後看了不下四十間房子，每次都是仲介公司的工作人員或是房屋管理人帶我看房。每次看房，這些人總會作揖狀地對我說：「真希望像你這樣的年輕客人能多買房啊。」對此，我真是吃驚不已。

在回到東京之前的三年時間裡，由於在北京工作時周圍盡是「八十後」、「九十後」的年輕人，所以六十後的我簡直被他們當成老人一樣對待。比如，在拜訪客戶需要乘坐地鐵時，他們會為我四處尋找座位。雖然覺得他們是出於一片好意，但不免還是會有一種被歸為「老弱病殘」的失落感，真是有些頭痛。

然而回到了日本，自己卻出乎意料地被視作「年輕人」對待。實際上，去看房子時我便發現，買房的客人多以老年人為主。特別是家在琦玉縣或千葉縣這樣位於東京近郊的六十歲以上老年人，為了交通方便，有很多人都會選擇搬到東京都內生活。

聽仲介公司的工作人員說，不僅是二手屋，新房的購買客群也逐漸移向中老年階層。東京都的新房數量由二〇一一年的約四萬四千戶增加到二〇一二年的五萬兩千戶。老年人成為購買房子的主力，這在中國恐怕是難以想像的吧。然而，這已經成為日本的現實。

不過，在看房現場偶爾也會出現一些年輕人的身影，他們就是「富二代」。「因為我沒有工作，在家裡的時間比較長，所以希望客廳面積大一些。」他們向仲介公司的工作人員如是要求。這些「富二代」的父母們在泡沫經濟時代賺得盆滿缽滿，所以他們的孩子即使每天無所事事也可以生活下去。

但是，「富二代」畢竟只是少數。現在，日本大部分的年輕人甚至連「買自己的房子」這個想法都沒有。說到「住處」，他們只會很直接地聯想到「租屋」。在我的青年時代，大家都意氣風發地想要「多多賺錢，早日買自己的房子！」。而現今，買「自己的房子」對於年輕人來說就像一個「不現實的夢」，恐怕都已經沒有人會把它當成夢想了吧。

在中國，與房子一樣被年輕人視為奮鬥目標的是汽車。然而在日本，就連價格只有房價二十分之一的汽車，年輕人也已經失去了購買的興趣。

在我的青年時代，大學畢業、工作、用第一筆工資租房子開始單身生活、用第一筆獎金買自己的車、幾年之後結婚需要買自己的房子——這是薪水階層普遍的人生必經之路。

對於當時的我來說，因為近視嚴重，所以對汽車沒有什麼興趣。第一筆獎金被我用在購買畢卡索全集、高更全集、馬蒂斯全集這些極盡奢華的畫冊上面。也正因為如此，我被周圍買了豐田、本田或日產汽車的朋友們當作異類一樣地質疑：「你為什麼不買汽車呢？」

然而現在的日本年輕人連買車的想法都沒有了。在北京，因為限購政策，年輕人即使想買車也買不了的現象，已經成為一種社會問題。相比之下，在東京不僅沒有限購政策，汽車廠商往往還會打很大的折扣，或者以贈送汽車附屬品的形式來促銷。即便如此，年輕人還是不願意買車。

二〇一二年五月，豐田汽車COROLLA第十一代上市。COROLLA系列於一九六六年問世，在約半個世紀的時間內，COROLLA系列汽車在世界一百四十個國家共售出三千八百六十萬輛，是豐田旗下具有代表性的汽車品牌。COROLLA被視為日本經濟成長的象徵，「碩大、氣派」是它的一貫理念。

然而，今年上市的第十一代COROLLA的重量出人意料地比以往輕了五十公斤，變得輕便起來。根據豐田汽車公司的說明，之所以將新一代COROLLA的車體設計得比以往輕便，是由於「購買者的主流為老年人，沒有必要將車體設計得過大」。就連可以代表日本的COROLLA也開始與年輕人漸漸遠離了。豐田汽車公司二〇一二年在全球生產了八百七十萬輛汽車，其中日本國內僅生產三百一十萬輛，預計在二〇一三年會下降至三百萬輛以下。

不過，這種現象也有它的好處，那就是長期困擾東京的交通堵塞問題被輕而易舉地解決了。以前開車從東京站到新宿站需要花上一個小時的時間，而現在只需要十五分鐘。拜此所賜，東京的空氣也變得新鮮許多。看到這裡，想必北京的人們一定羨慕極了。

東京都內的停車場價格也呈下滑趨勢。我以前所居住的公寓停車場在我剛剛入住的一九九四年時，價格為每個車位五百萬日元（約新台幣一百五十萬元）。然而，由於現在人們都開始不購買停車位，所以同樣的停車場以每個月一萬五千日元（約新台幣四千三百元）的價格對外招租。然而即便如此，也難以找到租客，甚至有人預言在不遠的將來，停車場的租金將會降至每個月一萬日元。

咖啡廳、電影院、健身房成為老人的天下

除此之外，漫步在東京的街頭，會發現很多地方發生了變化。比如，由於工作的原因，我經常在酒店的咖啡廳與人見面。然而，現今的酒店咖啡廳已然演變為「老婆婆大本營」。在那裡，她們稀鬆平常地享用著價格高達每人五千日元（約新台幣一千五百元）的午餐。酒店也很大程度上減少了針對年輕人的住宿套餐，而是傾向考慮老年人的需求，推出了諸如「贈送周邊神社佛閣參拜用品的兩天一夜套餐」等。

說到年輕人的娛樂，不得不提到電影。然而，與真正在急速步入電影大國的中國不同，日本的電影產業也已經成為了夕陽產業。二〇一一年的日本電影票房只有一千八百一十二億日元（約新台幣五百三十三億元），比前一年減少了十七・九%。現今，在工作日的白天時間，很多電影院不放映電影而是改放老年人愛聽的

相聲。

二〇一二年秋天，我去參觀新家附近的健身房時也不禁大吃一驚。雖然趕不上本章開篇提起的法華津寬選手，但是在健身房裡隨處可以見到六、七十歲的老年人在拚命地流汗舉啞鈴、在跑步機上快步跑著。另一邊，游泳池已經完全被老婆婆們占領了。整個健身房裡根本看不見幾個年輕人的影子。

在北京的時候，我也時常利用週末時間去健身房鍛練。然而在那裡，我完全被歸在老年人的行列。每每年輕的教練看到我汗流浹背搖搖擺擺時，都會投以對待老年人似的同情目光，為我遞上毛巾。並且在我離開健身房的時候，教練們也不忘說那句永遠不會對年輕顧客說的話：「下樓時請注意台階。」每次去北京健身房的時候，除了體力上的不支外，周圍的環境也讓我有一種「自己真是老了」的失落感。

那麼在東京又如何呢？在那裡，可以讓我有一種「自己還是很年輕」的感覺，得以重拾自信。順便說一句，根據在我參觀的東京都內有二十家大型連鎖店的健身房工作人員說，加入他們健身房的會員以六十多歲的老年人居多。二十到三十歲的年輕會員加在一起也不到十三％。

溫馴的「草食系」年輕人對抗積極的「肉食系」老人

為什麼在日本沒有年輕人的活力呢？二十世紀九〇年代初，在泡沫經濟崩塌後，日本經歷了所謂「失落的二十年」。而這些「八十後」和「九十後」們正是在這種低迷的環境下成長起來的。

請思考一下：你有每天早上吃油條的習慣。但由於經濟不景氣，今天早上買的油條的分量比昨天少了三％，明天早上買的油條的分量又比今天少了三％。周而復始，當眼前放著油條時，你會怎麼想呢？你不會想要明天的油條分量可以變成之前的兩倍，而是會拚命地去維持今天的分量吧。

現今的日本年輕人正是成長在這樣的環境下。所以，他們根本不會去思考怎樣讓自己的財富成倍地增長，也不會有諸如以後自己開公司，將來使其上市這樣的龐大野心。他們所想的，只是如何維持目前自己「岌岌可危的地位」，以及「少得可憐的存款」。

在日本，這樣的年輕人被稱作「失落的一代」或「草食系」。之所以稱其為「草食系」，是因為他們就像食草動物一樣溫馴老實。

在我現在所在的辦公室裡，就有二十多位「草食系」男同事。他們非常安靜、認真，交給他們的工作也都會傾全力完成。但是，在他們的身上，沒有驚喜，沒有任何你可以期待的附加價值。

在泡沫經濟時期度過了自己年輕歲月的我們這一代人，如果基準是一百分，有人會得五十分，有人會得一百二十分，就像現在的中國年輕人，各有特色、百花齊放。

然而，與現今的日本年輕人接觸之後便會發現，大家基本上都是八十分到一百分之間，他們不會去打破成規、不會輕易失敗，當然也不會取得偉大的成功。他們所具備的基本思維方式不是「攻」，而是「守」。

在工作結束後，有時會與公司的年輕人一起去吃飯。當我帶他們去銀座的高級法國餐廳用餐時，他們絲毫不會感到開心，而只是一味地緊張。如果我點了高價的紅酒，他們的臉上不會有喜悅之色，而是表現出一副「真是浪費啊」的表情。所以，最近我開始帶他們去公司附近、一家只有兩百日元（約新台幣六十元）左右一杯的啤酒可以點的廉價居酒屋。在那裡，他們終於表現出如魚得水的愉悅欣喜。「草食系」就是這樣，毫無上進心與野心，而是死守自己的狹窄領域，小心翼翼、靜靜地棲息。

對於現在的年輕人來講，最不幸的就是被稱作「肉食系」的「團塊世代」（生於一九四七～一九四九年嬰兒出生潮時期的人，人數約有七百萬）並不肯將工作拱手相讓。之所以將他們稱為「肉食系」，是因為他們從幼兒時代就開始經歷各式各樣的競爭，養成了如同肉食動物般的積極果敢。他們的個性真可以用「如狼似虎」

來形容。

根據官方的調查，日本人在六十歲退休以後，大多希望可以繼續工作。「肉食系」們的特徵是將「沒有工作」看成是人生的終結，而不會像中國的老年人那樣，希望能夠早一點退休，然後牽著孫兒的手過著悠然自得的生活。

我們來看一下日本六十歲以上從業者在所有勞動者所占的比例：六十～六十四歲占五十七％、六十五～六十九歲占三十六％、七十～七十四歲占二十二％、七十五歲以上占八％。從實際人數來看，在二〇一一年，六十五歲以上的就業人數多達五百四十四萬人，這一數字是二十年前的一點五倍。

所以在現今的日本，一個職位有兩種人參與競爭已經成了常態：一種是剛剛畢業的大學生，另一種便是剛剛退休的老人（在日本，男性和女性的退休年齡均為六十歲）。即「四十後」、「五十後」對決「八十後」、「九十後」。換句話說，也就是「肉食系」與「草食系」的戰鬥。

日本是一個不能以年齡、性別、學歷來將人區別對待的社會，所以「四十後」和「八十後」在面對同一個職位的時候會展開激烈的對決。如前面所述，在戰後的生育高峰期出生的日本「四十後」一代，從幼時到成年一直經歷著激烈的社會競爭，可以說成是「肉食動物」。與此相比，在泡沫經濟崩塌後「失落的二十年」裡長大的「八十後」日本年輕一代則胸無大志，樂於關注眼前小小的幸福，就像草食動物一樣溫順。

作為「肉食系」的「四十後」們善於向雇主展示自己多年積攢下來的經驗和成績，而「草食系」的「八十後」們對於自己的未來卻只是草草帶過。所以，當這兩種人在一起競爭時，「四十後」的一代往往會取得勝利。

日本企業長年來一直採取終生雇用制。通常，新員工在剛進入公司的十年時間（二十～三十歲）是培訓期，在之後的二十年時間裡（三十～五十歲）才開始被委以重任，正式開始自己的職業生涯。但是，長期的經濟蕭條使日本企業用於培訓員工方面的平均費用在近二十年間減少到原來的八分之一。對於如今的日本企業來說，最希望員工具備的素質就是「立即發揮機動的力量」。

所以，比起十年之後才能用得上的年輕人，眼下就能用得上的老年人更具人氣，再加上「肉食系」的老年人比起「草食系」的年輕人更加積極果敢，所以，企業當然更願意選擇老年人。

我的父親正是兇猛的「肉食系」老年人的典型代表，雖已年逾七十，但是還能應徵上銀行的臨時職員。據說他是與一同應徵的兩名「草食系」年輕人共同接受集體面試。

我的父親在面試時滔滔不絕地講述著自己過往的業績，對比之下，那兩位年輕人則低調謙卑地只是說了句：「我會努力的。」看到比自己年少三十歲左右的面試官猶豫不決的樣子，我的父親還執著地說了下面這句對面試結果具有決定性影響力的話。

「即使只給我法律規定的最低工資也沒關係，請讓我工作！」就是這關鍵的一句話，讓父親在面試中打贏了漂亮的一仗。宣稱「只拿最低工資也可以」的勞動者，恐怕在全世界都是很少見的。但這裡面其實自有它的道理。年齡已過六十五歲的父親每個月可拿到二十五萬日元（約新台幣七萬三千元）的年金。所謂年金，是以「年老後沒有工作」為前提的，所以如果從事每個月可拿到二十萬日元（約新台幣五萬八千元）工資的工作，那麼每個月的年金就只能拿到五萬日元（約新台幣一萬五千元）。如果月工資是十萬日元（約新台幣三萬元），那麼年金則可拿到十五萬日元（約新台幣四萬三千元）。也就是說，即使從事只能拿最低工資的工作，每個月也可以入賬二十五萬日元。

按照中國人的思維，大家可能會覺得：「如果什麼都不做就能拿到二十五萬日元，為什麼還要工作呢？」——這正是當下日本老年人的特點，就像前文所述，他們被一種「沒有工作＝人生終結」的固有觀念所囚禁著。

再者，對於二十四小時都在家裡的父親，母親也難以忍受。日本的傳統家庭是丈夫在外工作，妻子則在家做家事及育兒。然而，過了六十歲，丈夫回歸到「妻子的領域」家庭之中，難免與妻子發生爭執，因此而離家出走的例子不勝枚舉。在日本，這被稱為「定年離婚」，已經演變成了社會問題。我大學時的同班同學中就有人從事律師的工作，專門處理「定年離婚」的案件，賺了大錢。

話又說回來，二〇〇八年金融危機以後，日本將製造業和建築業完全轉移至中國等海外國家，日本國內隨即蒸發了一百七十萬的就業機會。這種「產業空洞化」給年輕人的就業帶來了相當大的阻力。其結果就是在日本三十四歲以下的企業新員工中有一百七十萬人最終無法轉為正職。現在的日本，就連一個便利商店店員的職位都有五倍的競爭率，簡直讓人無法相信。

日本的年輕人就是生活在這樣一個不利的環境下。也正是為了適應這一環境的變化，不知從何時起，他們選擇成為「草食系」動物，一切只為活下去。

「三一一」震災、海嘯重創日本，年輕人更加自閉

二〇一一年三月十一日下午兩點四十六分，日本發生了震驚世界的東日本大地震。那次地震奪去了一萬九千兩百三十八人的寶貴生命，給日本東北部地區帶來了毀滅性的打擊。福島核電站遭到破壞，超過三十萬難民無家可歸。

地震，海嘯，核洩漏……日本人自第二次世界大戰之後好不容易建立起來的「物質」與「精神」，在一瞬間被種種天災人禍打得粉碎。就像是盛開的櫻花立即

隨風飄散一樣，日本的奢華與自信被這「三重苦」拋到了九霄雲外。

回首日本的近現代史，日本也曾遭遇過這樣的萎靡不振。一八六八年明治維新和一九四五年的二戰戰敗。對於前者，美國蒸汽船的襲來，標誌著長達兩百六十五年的德川政權徹底崩塌。但是經歷了這一重挫的日本卻以此為契機，高喊著「富國強兵、殖產興業」的口號，拉開了明治維新的序幕，並以此成為了亞洲的頭號大國。後者的二戰戰敗也是如此。一九四五年美國投下的兩顆原子彈徹底打敗了日本，但是日本再次將失敗作為了發展的動力，實現了戰後經濟的高度發展，並成為了世界經濟第二大國。

在這兩次失敗之後，幫助日本實現從萎靡到復興的都是當時年方二十幾歲的年輕人。

明治維新的主力軍是以阪本龍馬為代表的年輕人。抱著將日本改造成足以與歐美列強比肩的大國的偉大志向，這些年輕人成功地實現了革命。同樣，承擔二戰後日本復興重任的，也是以索尼企業為代表的二十多歲年輕人所創建的新興企業。為了能夠製作出不遜色於歐美企業的產品，他們拚盡了全力。

二〇一一年的震災讓日本再次陷入經濟泥淖，萎靡不振。通常，在這種時候，日本能夠依賴的應該是「年輕的力量」，但是現在的日本年輕人全都龜縮在自己的世界裡不願意走出來。正如我在上文中所說的，這些年輕人都出生在泡沫經濟崩塌之後的「失落的二十年」裡，比起如何增加存款，他們更加瞭解怎樣才能不減少存款，並且對於「不景氣」和「節約」早已習以為常。所以，如今面對震後蕭條的「軒然大波」，這些年輕人更會選擇閉關自守。換句話說，再也不會出現胸懷「我就是日本的賈伯斯，我要重建日本輝煌」這樣氣概的年輕人了。

女子偶像團體、韓國帥哥成為日本年輕男女的精神寄託

地震發生之後，日本的年輕男性最為熱中的，就是在大地震發生三個月之後的六月九日，在東京的日本武道館裡舉行的「總選舉」。這裡所說的「總選舉」並不是國會議員的選舉，而是「AKB48」的歌手決選。

AKB48是由一百五十名（包括旗下組織）年輕可愛的女孩子組成的大型女子音樂組合。如果購買她們的第二十一張單曲專輯《Everyday》（每張約新台幣三百元），將會獲得「投票券」和「握手券」。使用「投票券」可以在一百五十名成員中為自己喜歡的女孩投票。之後，當候補成員們在全國各地舉行「選舉演說」的時候，憑「握手券」就可以和她們握手。

這種形式和之前中國的「超女」非常類似。在總選舉得票榜上前二十一名的成員，將有資格錄製第二十二張單曲專輯《FlyingGet》（於二〇一一年八月二十四日

發行）A面歌曲（主打曲），以及拍攝MV。在日本眾多男性青年都為之瘋狂的六月九日總選舉日，投票總數達到了一百一十六萬六千一百四十五票，名列第一位的前田敦子得票數高達十三萬九千八百九十二票。這一數字遠遠超過在國會議員總選舉中當選者的平均票數。

結果，在二〇一一年的日本流行音樂專輯銷量排行榜中，AKB48獨占一至五名。這種情況在日本音樂界可謂前無古人後無來者，這就難怪全日本的年輕男性都對這個組合如此癡迷。

我問公司裡幾個年輕男同事為什麼會如此熱中於AKB48，他們這樣回答道：「對於現在的我們來說，除了AKB48之外就沒有別的希望了。自我們出生開始，日本一直處於不景氣的狀況，即使是大學畢業之後，我們也找不到滿意的工作。所以我們不能結婚，不能買車買房。受到之前東日本大地震的衝擊，整個日本變得更加灰暗。所以我們只能把自己的希望託付給AKB48那些女孩子們了。」

這就是日本萎靡不振的現狀，就憑現在這些日本年輕人能夠拯救日本嗎?!

那麼，同年代的日本女性們將自己的夢託付在哪裡呢?這裡不得不提到一個關鍵字——「大久保」。

「大久保」位於東京新宿北部，類似於北京的望京或是五道口，是東京的韓國人聚集地。

在環繞東京一周的山手線新大久保站下車後，你會發現那裡竟然停滿了來自新潟縣、長野縣、宮城縣等全國各地的大型旅遊觀光巴士，從巴士上走下來的，還盡是一些打扮入時的女孩子們。看著站在大久保街兩旁人行道上的女孩子們，突然覺得眼前的景象簡直可以用「女山女海」來形容。

她們前來此處的主要目的，是造訪這條街道上林立的幾十家「韓流商店」。入口處，幾位來自韓國的帥哥店員微笑著用韓語跟大家打招呼：「Osooseyo!」（歡迎光臨！）跟著人群進入店內，我不可思議地發現日本的女孩子們竟然在這家店裡買了如此多的東西——比如一張印有韓國男明星照片的明信片賣五百日元（約新台幣一百五十元）那麼貴，竟然有女孩子一口氣買了一百張！

「『韓國人參糖』有非常顯著的減肥效果」、「使用韓國進口的『蝸牛面膜』，會變成連韓國男明星都喜歡的美肌喔」、「吃了韓國進口的優酪乳霜淇淋，晚上一定會夢到被男明星擁抱著入睡的」……就這樣，幾位韓國帥哥天花亂墜地介紹過商品之後，大量的架上商品被前來店裡的日本女孩子們瘋狂地哄搶開來。

購物之後到了用餐時間。在一家據說聚集了大批韓國帥哥店員，名為「一隻雞」（中文直譯）的韓國菜館前，一百多個女孩子在排隊等位。可以喝到用馬格麗酒（韓國的米酒）為基底調製的雞尾酒的「馬格麗酒吧」，也大受女孩子們的歡迎，在一條街道上竟然有幾十家那麼多。馬格麗酒原本是韓國貧窮的農民們喝的酒，而現在卻搖身變成每杯價值一千日元（約新台幣三百元）的調製雞尾酒，成為了大家追捧的時尚飲料。

我也趕流行走進一家「馬格麗酒吧」，坐在我旁邊的是幾位日本女孩子。「你們覺得韓國男人的什麼地方最有魅力？」我不禁向她們發問。她們回答我：「在韓國男人身上，強大的一面與溫柔的一面是共存的。兩年的參軍經歷讓他們有剛強的一面，但也會買來一百朵玫瑰討女孩子歡心。這兩種特質特別具有吸引力。」

「那你們覺得日本男性怎麼樣呢？」我追問。結果幾個女孩子非常不屑地說：「他們不是男人，只是單純的草食性動物罷了。當成寵物來養還差不多……」

連「國技」相撲的頂尖力士也大多是外國人

想來日本這個國家，是在一一九二年鎌倉幕府成立以後，以傳統「武士」為主導的軍事國家。明治維新之後，「武士」被「兵士」所取代，而第二次世界大戰後，「兵士」又被「企業戰士」所取代。而經歷過泡沫經濟破裂後「失落的二十年」，以及東日本大地震又一次重創，「企業戰士」變異為「草食動物」。所以，不滿於「養寵物」的女孩子們才把目光轉向鄰國健壯的「肌肉男」。

日本傳統的健壯肌肉男就是相撲選手。二〇一二年九月，我去東京兩國國技館看相撲秋季比賽，盛況空前。因為時隔五年之久，「橫綱」終於再次誕生了。

「相撲」這項運動最初由中國傳入，現在，它在日本已經演變為天皇和首相都會前來觀戰的國家級競技項目，也就是說它是日本的「國技」。相撲比賽每年舉行六次，賽期每期十五天，一年一共九十天都在舉行相撲。在被稱作「場所」的比賽場上，約八百名被稱作「力士」的選手們一決高下。「力士」的等級也從最低級別的「序二段」到最高級別的「橫綱」，被嚴格界定。在八百名「力士」中，只有兩人可以最終登頂「橫綱」之位。

在二〇一〇年冬季橫綱朝青龍隱退之後，橫綱只剩下白鵬一人。經過大約兩年半時間的等待，又一名勇士——日馬富士終於晉級到橫綱之位。這是日本二〇一二年秋天最大的話題。

在這裡我想說的是，朝青龍、白鵬、日馬富士這三位勇士其實都是蒙古人。在過去的十年間，在日本國技相撲的競技場上，實際上都是這三位蒙古勇士在輪番獲勝。

查閱一下二〇一二年九月秋季比賽中被稱作「幕內力士」的前四十二名勇士名單便不難發現，在這四十二人中：七位蒙古人、兩位保加利亞人、兩位喬治亞人、一位俄羅斯人、一位捷克人、一位愛沙尼亞人、一位巴西人，剩下的二十七名是日本人。也就是說，日本國技相撲的最高級別，乃至位居前列級別的三分之一都被外國選手所占據著。

相撲從江戶時代起便是日本年輕人力量的象徵。在一八五三年，當美國的黑色蒸汽船出現在日本，威脅著日本的命運時，是這些「力士」代表與美國談判。這是為了讓美國人看看日本人是怎樣的身體強壯。

然而現今，能夠成為相撲比賽冠軍的日本年輕人也已經消失了，甚至輪到七十多歲的老人參加奧運。未來的日本，究竟該何去何從呢……

第五章

中國缺什麼：細膩的技術

所謂「品牌」，並不是「粗獷型」的東西，而是一個又一個細膩技術的「精緻型」集合體。所以，「為什麼沒有中國品牌？」這個問題就可以被置換成另一個問題：為什麼中國沒有細膩的技術？

中國企業在為外國企業代工商品的時候，已經展現出了細膩的技術，所以中國並不是沒有細膩的技術，而是沒有使用細膩的技術製造本國商品的能力。

若古代有諾貝爾獎，中國年年都會得

二〇一二年十月八日，也就是中國第六十三個國慶日長假後的第一天，瑞典諾貝爾獎評審團宣布，日本京都大學教授山中伸彌獲得二〇一二年諾貝爾醫學生理學獎。

消息一出，整個日本頓時一片沸騰，各大報紙競相出版號外，各大電視台紛紛插播「臨時特別新聞」。十二月十日他在瑞典參加了頒獎儀式，這對日本來說也是一件年末喜慶。

山中伸彌教授的獲獎理由是「發現成熟細胞可被複寫成多功能細胞」。他利用病毒載體將四個轉錄因數的組合轉入分化的體細胞中，使其重新編程而得到類似胚胎幹細胞的一種萬能細胞——IPS細胞。

這種細胞能夠使人類身體任意部位出現的損傷得以恢復原狀。因此，自二十世紀以來人類醫學一直無法成功醫治的脊髓損傷和視網膜剝離等疑難雜症將有望在數年內得以成功治癒。舉個非常簡單的例子：用一根男性的頭髮和一根女性的頭髮就能創造出他們倆的孩子！

人體的形成過程是由一個受精卵分裂至六十兆個細胞的過程。現在，山中教授成功地逆轉了這個過程。也就是說，山中教授讓人體細胞退回至受精卵的階段。這樣，這個受精卵就能按照人類的意志變化為任何人體細胞。這真是本世紀最大的生物學革命。

為什麼這樣的革命能由日本的科學家掀起呢？獲獎後的山中教授在京都大學召開了記者會。在會上，他說出了這樣的一番話：

「在此之前，我的實驗屢屢失敗。十次實驗，最多能有一次成功。但即便如此，我還是會不斷地在細節上做調整，提高精確度，再進行下一次的實驗。在過去的二十多年時間裡，我一直連續不斷地做實驗，我終於成功了。」

山中教授出生於日本大阪府，家裡在鎮上經營小型縫紉機工廠。這樣的工廠在日本有成千上萬個。雖然廠房面積不大，但是憑藉著不斷提升技術的精細度，這些工廠已經成為日本這個技術大國的堅實基礎。

二〇一二年秋，整個日本為山中教授的獲獎而沸騰。但是，您稍微調查一下就會發現，山中教授並不是唯一一位獲得諾貝爾獎的日本科學家。自二〇〇〇年起，日本一共產生了十一位諾貝爾獎科學家，平均算起來，幾乎每年一位。這些科學家分別是：

二〇〇〇年，白川英樹發現和發展了導電聚合物。

二〇〇一年，野依良治對手性催化氫化反應的研究。

二〇〇二年，田中耕一發展了對生物大分子進行鑒定和結構分析的方法，建立軟解析電離法對生物大分子進行質譜分析。

二〇〇八年，小林誠、益川敏英發現對稱性破缺的來源，並預測了至少三大類誇克在自然界中的存在。

二〇〇八年，下村修發現和研究綠色螢光蛋白。

二〇〇八年，南部陽一郎發現亞原子物理學的自發對稱性破缺機制。

二〇一〇年，鈴木章、根岸英一對有機合成中鈀催化偶聯反應的研究。

二〇一二年，山中伸彌發現成熟細胞可被重寫成多功能細胞。

一九八六年，台灣的李遠哲憑藉其對分子水平化學反應動力學的研究而獲得諾貝爾化學獎。而中國至今沒有科學家獲此獎。

中國有清華大學、北京大學以及中國科學院等，在全球聲名顯赫的科學研究機構，但為什麼培養不出一位獲諾貝爾獎的科學家呢？

我想，如果在距今兩千多年前的古代就有諾貝爾獎的話，那麼估計中國人年年都會得獎。

二〇〇九年秋，中國國家前主席江澤民的母校上海交通大學出版社出版了一套名為《走進殿堂的中國古代科技史》系列叢書。叢書分為上、中、下三冊，以一百五十多位中國科學院研究員的講稿集結而成。內容涉及古代中國人的偉大發明，包括物理、天文、數學、建築等各個方面，可謂一部集大成之作。

在讀此書的過程中我發現，原來古代的大部分重要發明、發現都與中國人有關，包括被稱為「世界三大發明」的火藥、指南針、印刷術等等，包羅萬象的東西全部是由中國人發明，或者經中國人之手才獲得飛躍性發展的。

在日本人還在「掘穴而居」的時代，中國人就已經開始在農耕的過程中運用包括天文學在內的科學知識；在戰爭中使用鐵器和集團戰術；建立了包括六千萬人的國民戶籍制度，以及完善的法律體制。所以，古代的中國就是當時世界首屈一指的「文明大國」和「技術大國」。

讀完這三卷書，我為古代中國人的偉大事蹟而深深感動。於是，我下定決心將這套書翻譯成日語，推向日本。我一位在上海交通大學出版社擔任主編的朋友也表示支持：「只要這套書能在日本出版，哪怕由中方支付翻譯費都沒問題！」

可是，當我為此去拜訪日本的出版社時，卻三番四次地吃到「閉門羹」。「讀這些沒有獲得過諾貝爾獎的國家的科學史有什麼用？」這就是日本出版社編輯們的共同回答。

在日本，很多知識分子都崇尚西方。到了近現代，日本也基本上採取「脫亞入歐」的政策。所以，對於中國這個國家，日本人很難考慮把它和尖端科學技術聯想在一起。

拜訪了近十家出版社，但都無功而返，這讓我陷入了沉思：古代的中國擁有如此了不起的科學技術，可是到了現代，為什麼中國就無法「技術立國」了呢？

中國與日本的技術差距已達90：100

在世界知識產權組織（WIPO）於二〇一二年七月發布的「國家技術革新排行榜」中，中國名列第三十四。如果在古代也有類似的排名，中國一定會高居榜首。可是令人感到遺憾的是，如今的中國已經被很多國家所超越。

不用我這個日本人多說，各位應該都知道，中國科學技術現代化的進程始於一九七八年鄧小平提出實施改革開放政策之時。

鄧小平將工業、農業、國防、科技的四個現代化設定為中國的國家目標。為了實現中國的四個現代化，他透過優惠政策吸引眾多已開發國家的企業來中國投資開工廠，並由此促進中國技術的發展。於是，神州大地上出現了以深圳為代表的、外資企業聚集的「經濟特區」。

到了三十五年之後的今天，已經有大約兩萬三千家日本企業進入中國市場。這些企業的所在地由經濟特區擴散到中國全部的三十一個省、自治區和直轄市，產業從農業水產業到製造業、服務業等各行各業。

但是，不論公司屬於哪一行業，位於中國的哪個城市，幾乎所有的日本企業都有一個共同的目標：將公司先進的技術帶入中國，將中國作為生產基地或者抓住中國這個巨大的市場，以實現公司的發展壯大。

二〇一一年一月，日本貿易振興機構（JETRO）的北京辦公室召集約三十家日本文化產業公司駐北京的分公司，成立了日本文化產業研究會。從那之後直到二〇一二年七月為止的一年半時間裡，我一直擔任這個研究會的會長，並與中國日本商工會裡的企業主進行了多次交流。

在交流中，我經常問他們一個非常含糊的問題：「現在，在貴公司所屬的行業領域中，中國的技術已經到了日本的哪一層級了？」結果，這些被日本總公司派駐到中國的總經理做出了一個相似的回答：「最近，中國的技術發展速度相當驚人。差不多已經達到了第九層了。」

在一九七八年鄧小平提出改革開放政策之初，無論是在汽車領域還是在電器製品領域，如果日本的技術水準是一百的話，那麼中國的技術水準恐怕只有十或者十五。可是到了現在，在場的日本企業總經理都意識到了相同的一點：中國已經追到「九十比一百」了。

這個比例意味著，大部分日本能生產的東西，中國也能生產。比如，汽車、電視機、電腦、微波爐等等，現在中國都可以大量生產。

於是，我又問了第二個問題：「那麼，有朝一日，日本的技術會不會被中國超越呢？」

總經理們短暫地思考了一下，然後回答：

「高科技這種東西，從零開始追到九十也很難，可是要想從九十追到一百，那可真是『難於登天』。所以，在今後的數十年時間裡，只要日本不斷努力向前，在技術方面，中國不可能超越日本。畢竟日本企業存在的意義就是最新的高科技。」

如果鄧小平把「實現中國的技術與已開發國家的技術『差不多』」作為中國在通往技術大國道路上的第一步目標的話，那麼在改革開放政策實施三十五週年之後的今天，這個目標算是實現了。

那麼，從今以後，中國一定會像「二〇一〇年GDP超過日本，躍居世界第二」那樣，將「在高科技方面超越日本等發達國家」作為下一個目標。當然，在這些日本一線企業總經理看來，要想實現這個目標，中國的前途將會非常坎坷。

日系雜誌中國版的自製內容已達80%～90%

我非常理解這些總經理的想法。因為在我所屬的出版界中，也有相同的狀況。

在雜誌出版這一範疇內，有一種以介紹女性時尚和化妝品為主要內容的「女性雜誌」。日本和法國、美國並稱「世界三大女性雜誌大國」，其中，日本的地位在亞洲無可撼動。因為有著相同的黃種人皮膚，所以日本女性雜誌中出現的內容適用於所有的亞洲女性。而歐美女性雜誌中出現的內容，比如歐美的超級模特兒身上穿的服裝或者使用的化妝品，看起來很漂亮，但是在中國女性身上就不適用了。因此，日本女性雜誌在亞洲非常受歡迎。

在這樣的女性雜誌世界裡，中國也從二十世紀九〇年代後期開始，追隨日本的腳步，陸續發行一些女性雜誌。其中，最具有代表性的《瑞麗》雜誌就是在一九九五年引進了日本「主婦之友社」旗下雜誌《Ray》的版權內容而創刊的。

據「主婦之友社」的老員工回憶說，當時中國並沒有「化妝師」、「造型師」等等，在女性雜誌中頻繁出現的詞語，所以《瑞麗》編輯部的編輯們只好一邊向日方請教，一邊創造中文裡的「新詞」。

後來經過了大約十八年的時間，如今的《瑞麗》已經發展成最具代表性的中國女性雜誌。「瑞麗」旗下的雜誌數量已經達到了五本，而且每本都能帶來龐大的廣告收益。

那麼，如今的《瑞麗》是用中國自製的內容與其他雜誌競爭嗎？答案當然是否定的。在《瑞麗》旗下的五本雜誌中，有四本依然引進了日本雜誌的內容，另外一本則引進了義大利雜誌的內容。而那四本引進日本雜誌內容的雜誌依然在用日本模特兒的圖片做封面，裡面的內容也是翻譯自日本雜誌的內容。

但是，翻譯的內容已經在逐步減少了，目前主要集中在日本原刊的封面和前幾頁的大選題而已。按比例來說，翻譯的內容僅占日文雜誌全文的十%到二十%左右。

這個比例正好和中日商工會裡的企業主們所說的「九十%和十%」的比例不謀而合。

也就是說，《瑞麗》也只完成了「追趕到九十%」的第一階段目標，「追趕剩下的十%」的第二階段目標還沒有完成。

在我看來，「剩下的十%」包括了模特兒的姿勢、嶄新的版面設計以及時裝的穿著方法等等。

比較一下中日兩國女性雜誌的特別專題，即使是像我這樣的男性「非目標讀者」也會覺得兩者有些「不一樣」。如果非要選出更好的一方，那我肯定會選擇日本的特輯。

經很好了。

當然，這並不表示中國的特輯不好。畢竟已經達到日本雜誌的九成了，真的已經很好了。

從建築技術的細膩程度看中國落後日本有多大

再說一些我感受到的中日兩國間技術方面的差距吧。

二〇〇九年夏，我來到北京工作。當時，我住在位於朝陽區一幢主要租戶都是中國人的高級公寓裡。這幢公寓落成於二〇〇五年，開發者是一家在中國東北地區赫赫有名的房地產商。

但是，住了還不到一個月的時間，我就漸漸地感覺到這幢公寓和日本公寓之間的品質差異。

有時，我打開房間的門，門板竟然會從門框上脫落下來。打開窗簾，窗簾竟然會掉下來。窗戶的把手貌似堅固，可用不了多久就會壞掉，結果窗戶怎麼也打不開了。浴室的蓮蓬頭有時流不出熱水，或者熱水直接向四周飛濺而不是向下流。房間的隔音效果也很差，我經常能夠在房間裡聽到隔壁電視機的聲音，或者樓上鄰居打麻將時嘩啦嘩啦的洗牌聲。

不僅如此，這幢高級公寓還會突然停電，報警裝置偶爾也會莫名其妙地響起。

三部電梯經常只有兩部能夠正常使用。

雖然號稱是一幢落成時間只有四年的「新建公寓」，但是牆壁和樓梯間的天花板上已經出現裂縫。要是按照日本人的感覺來判斷，這幢公寓看樣子應該有三十年到五十年的歷史了。

在北京工作了三年之後，二〇一二年夏，我回到了日本。回國之後，我準備在東京買房，所以實地考察了大約四十多間房子。看著眼前的房子，再回想起在北京時住的房子，我越發體會到中國和日本在技術方面的差距。

日本人十分注重房屋的「抗震性」，尤其是在二〇一一年三月東日本大地震之後，日本人在建造房屋時更是將「如何增強房屋的抗震性」做為首要之務。日本在大約二十年前就成功地研發一種名為「耐震構造」的技術。

眾所周知，在遭受「橫向搖動」時，由於鋼筋受力斷裂，房屋會向某一個方向傾倒。為了防止這種「傾倒」，人們必須透過某種技術最大程度地減少「橫向晃動」。具體一點來說，不是「對抗性」地減少晃動，而是「順著」晃動的方向吸收由晃動而產生的「衝力」，以防止房屋的「傾倒」。這種方法就是「耐震構造」技術。

最近，日本人在「橫向耐震構造」技術的基礎上，又研發出一種名為「免震構造」的技術。這種新技術可以減緩比「橫向搖動」更為劇烈的「縱向搖動」：在房屋底層鋼筋的下方埋入大量橡膠，利用橡膠的緩衝性吸收房屋在遭受「縱向搖動」時產生的衝力。就這樣，透過「耐震構造」技術和「免震構造」技術的同時使用，即使再發生劇烈地震，日本的房屋也能保證「巍然不動」。

在中國，除了雲南省、四川省和河北省等部分省市地區之外，大部分地區都沒有發生過大規模地震，所以中國人也許很難理解日本人對抗震技術的執著追求。對於身處「地震大國」的日本人來說，這兩種能把自己從地震的恐怖中解救出來的技術，簡直就是新發現的癌症特效藥。

日本技術的細膩度仍是中國望塵莫及的

當然，日本的房屋建築技術並沒有停留在「應對地震」的階段。

比如，在盛夏時節，當住戶還有五分鐘就能到家的時候，可以遙控屋裡的控制按鈕，打開冷氣。這樣，當進入家門的時候，屋子裡就已經十分涼爽了。

另外，當住戶快要到達公寓一樓大門口的時候，隨身攜帶的鑰匙會自動發出指令，因此，不必將鑰匙插入鎖孔裡大門就會自動打開。電梯也會自動設定到居住的樓層，並提前打開電梯門迎接住戶使用電梯。走出電梯後，房屋的鑰匙會再次發出指令，住家的大門也會自動打開。

屋子裡也有很多全自動設備：窗簾會自動打開和關上；廚房洗碗水槽下方裝有自動分解機，可以將做飯時產生的廚餘分解成細小顆粒。比如，雞蛋殼被放入分解機後會在一瞬間被完全粉碎，然後隨著水一起流進下水道。

房間內部的裝修和中國也是天壤之別。我在北京工作的時候，曾經經歷過一次辦公室搬遷。那是二〇一一年的春天發生的事情。當時，我們將新辦公室的內部裝修委託給北京當地的裝修公司。更加確切地說，當時我們是向兩家日本的裝修公司和一家中國的裝修公司要了報價單。

比較了三家公司的報價之後，我們發現，如果中國公司報價一百塊，那麼日本公司報價一般會在一百二或一百三。不過，兩家日本公司都略帶警告地說：「我們公司的報價的確比中國公司高二、三成，但是裝修品質是中國公司望塵莫及的。」最終，經過了辦公室裡五位幹部的投票表決，我們最終還是選擇了價格稍微便宜一點的中國裝修公司。

雖然我不想說別人的壞話，但是這次我不得不說，這家中國的裝修公司真是太過分了！自從他們完工之後，電燈不亮、地板鬆動等等情況就接連不斷地發生。向他們投訴，每次都要爭執很久，有時甚至要惡語相向，他們才會來維修。另外，按照合約規定，我方會在裝修開始前、裝修過程中和裝修結束後分三次付款。結果，他們又旁生了不少事端，造成了很多不愉快。

一年半之後，我在東京買了一間二手屋，並請裝修公司做內部裝修。和上次一樣，我也索要了一份報價單。看完這份報價單之後我不得不承認，再也沒有比這更詳細具體的報價單了。而且在協商好的為期兩週的施工時間裡，這家裝修公司會在每天傍晚透過電子郵件向我詳細報告當天的裝修進度和第二天的裝修內容，並附上當天裝修位置的細部照片。房間裝修結束後的樣子也和我的預期分毫不差。

工期結束的前一天，我去驗收的時候，裝修公司的人發現牆上有一個像黑痣般直徑大約零點二公分的污點。結果，他誠惶誠恐地對我說：

「我對我們公司的技術有絕對的信心，但是出了這樣的問題，真是太對不起了。我們明天為您重新粉刷。」

「就這麼小，算了。」我回絕了他的請求。與此同時，我也再次深切地感受到了日中兩國間技術方面的差距。

而且在日本，裝修費一般都是裝修完成後才付。這意味著如果客戶對裝修效果不滿意的話，客戶可以要求重新裝。

事實上，中國有很多辦公大樓都使用日本的技術。走進北京新建的辦公大廈，您就會發現，大樓的電梯一般都是日立、三菱、東芝等日系品牌。洗手間裡的馬桶上也印著TOTO的商標。TOTO（東洋陶器）是一九一七年創立於福岡的日本最大水洗機器製造商。該公司於一九八〇年推出的「免治馬桶」，已經在全世界銷售了三千萬部，如今主攻中國市場。

免治馬桶的發明，使洗手間這個原本帶著些許臭味的「五穀輪迴之所」變成了一個舒適的空間。馬桶座可以設定溫度，在冬天也感到暖和。使用者可以根據個人喜好，透過按鍵來調整沖洗臀部的水流速度、流量以及冷熱，甚至還可以用水按摩屁股。羞於被人聽到自己「如廁聲音」的女性也可以按下按鍵播放流水的聲音。如此精細的技術就是日本人的拿手絕活。

在二〇一〇年上海世界博覽會上，門前隊伍排得最長的展館就是日本館。當我頂著烈日走到日本館附近時，門前早已人山人海。隨後，被告知「還要等七個小時」，我頓時啞然。

在世博會期間，日本館內展示的日本最新科技成果之一就是TOTO公司的「未來型洗手間」：當感應到使用者靠近時，洗手間的馬桶座會自動打開蓋子，然後提供一連串無微不至的「服務」。當您「如廁」結束，走出洗手間的時候，相信您的心情滿足無比。而事實上，我也採訪幾個剛剛走出日本館的中國遊客，他們都回答說：「裡面的洗手間真是太棒了！」

再說一個聽上去特別「假」的真實事件吧。

在來中國旅行或者出差的日本人中流行一種「可攜式免治馬桶」。據說這是因為中國的大部分酒店裡都沒有配備免治馬桶，所以日本人在「忍無可忍」之下，只好帶著這種小型的免治馬桶來到中國。

每次聽來中國出差的日本朋友說到這件事，我都在心裡嘀咕，要是中國機場的海關工作人員問日本人「您帶的這個東西是什麼？」，估計所有人聽完回答之後都會瞠目結舌吧。

透過這樣的反差，我來到中國之後體會到很多日本的「細膩的技術」。

另外，我還解開了一個二〇〇九年我剛來中國時一直無法解開的，關於「牙籤」的謎團。

正所謂「人到中年，牙口不濟」。不怕大家笑話，我一直有飯後用牙籤剔牙的習慣。即使是在過去的三年裡在中國吃中餐，我也餐餐少不了牙籤。不過，每次在中國餐館打開裝牙籤的小紙袋時，我都會發現，裡面必定裝著兩根牙籤。

一開始，我覺得一定是工作人員在包裝的時候弄錯了。可是，後來每次都看到一個牙籤袋裡裝著兩根牙籤，我的腦海裡就自然而然地浮現了一個問題：「這是為什麼呢？」

每個人的臉上都只有一張嘴，嘴裡都只有一口牙，因此，在日本一個牙籤袋裡肯定只有一根牙籤。而且，牙籤又不能像筷子一樣可以兩根併在一起夾東西，所以我怎麼也想不通「一個牙籤袋裡裝兩根牙籤」有什麼必要。

於是，每次用牙籤的時候，我都會問問同桌的中國人。一開始，他們會非常費解地問道：「你為什麼會對牙籤的數量這麼在意啊？」我只好解釋說：「在日本，一個牙籤袋裡只裝一根牙籤。而且每個人都只有一口牙，用一根牙籤就應該足夠了吧。」

似乎是覺得我的話有幾分道理，同桌的中國人也認真地思考起來。當然，每個人都有每個人的解釋，於是我得到了各種各樣的答案。比如，有的人回答說「中國菜比日本菜的菜量多，所以要準備兩根牙籤」。乍一聽好像是這個道理，但是仔細一想，無論菜量多少，一根牙籤都只需要應付一口牙。所以這個答案顯得邏輯有點問題。

另一位中國人說：「因為中國有『好事成雙』、『鴛鴦成雙』之類的『成雙』文化。」聽到這個回答，我感覺好像找到了答案，「哦，原來是這麼回事。」但是，再一琢磨卻發現，這個答案也有漏洞，難道這種用完就扔的牙籤也會和博大精深的中國文化有關係?!

在那之後的半年時間裡，每次去吃飯的時候，我都會被這個關於牙籤的「謎題」弄得煩惱不已。終於有一次，我在剔牙的時候，突然聽見「啪」的一聲，手中的牙籤應聲折斷了。在那一瞬間我恍然大悟：原來是因為中國的牙籤，容易斷！

日本的牙籤品質過硬，不論怎麼剔牙都不會斷——為了防滑，用手指捏住的一端凹凸有致；剔牙的一端雖然細得不到零點一公分，但是依然很難折斷。而中國的技術就沒有如此細膩了。相比之下，中國的牙籤不過就是一個細木片而已。

於是，我終於解開了這個縈繞在心頭很久的「謎題」：兩根牙籤中的一根是「備用品」！

在中國製造的UNIQLO保暖衣，講究精細的製作技術

其實，中國並不是沒有細膩的技術，只是大家沒有注意到罷了。實際上，包括牙籤在內，很多所謂「日本的細膩技術」都是「Made in China」（中國製造），日本公司與中國公司達成協議，在成本相對較低的中國製造產品。大多數屬於製造業的日本企業都是這樣發家致富的。

比如，日本最大的服裝連鎖店UNIQLO就是其中的代表。一九七二年，在日本本州西部的山口縣，一位名叫柳井正的天才企業家接管了父輩留下的服裝店。這家店就是UNIQLO的前身。四十年之後的今天，當初的小型服裝店已經發展為年銷售額九千兩百九十五億日元（二〇一一年九月～二〇一二年八月），擁有日本國內八百二十七家分店，海外兩百七十五家分店的日本最大服裝製造商。

二〇一二年年末，在日本東京六本木地區的中城大廈，我和日本首富面對面坐著。根據二〇一二年富比世日本富豪榜顯示，我面前這位日本首富的淨資產高達一

百〇六億美元，但他身上穿的衣服卻是普通日本人都在穿的「便宜貨」——UNIQLO。沒錯，我採訪的就是UNIQLO的董事長兼總經理，現年六十三歲的柳井正。以下是訪問他的紀錄：

「雖然我是愛國者，可大家都說我是『親華派』日本商人。**我的確認為『重視中國』就是日本企業的頭等大事。日本企業必須牢牢把握住亞洲這個遍地黃金的市場。而亞洲市場中的中國有十三億人口，而且這十三億人都在努力追求富裕的生活，因此這個市場非常重要**。如今，UNIQLO在中國開設了一百四十家分店，今後這個數字還將繼續增長。

「我出生在日本山口縣的宇部市，我年少的時候，那裡曾因為煤礦資源豐富而繁榮一時。可是到了現在，伴隨著人口數量的急劇減少，宇部市的經濟已經變得十分蕭條。與此相反，一九八五年我第一次去上海的時候，大街上隨處可見窮困潦倒的景象。可是，如今的上海卻發展成了『東方紐約』！」

雖然身材矮小，但是柳井正洪亮的聲音響徹了偌大的董事長辦公室。我提問：

「在您看來，UNIQLO是一家什麼樣的公司？」

柳井正董事長不假思索地回答：「UNIQLO就是日本貿易全球化的先行者。

「UNIQLO計畫在二〇一三年實現日本時尚界首個『銷售額突破一兆日元（約

新台幣兩千九百億元）』的目標。在實現這一目標的過程中，UNIQLO在海外市場的銷售額將會超過日本國內市場。同時，公司內的外國員工人數也將超過日本員工。於是，我們已經開始把英語作為公司內的通用語言。而且，**為了讓員工能夠在傍晚學習英語，我已經把工作時間調整為每天早上七點至下午四點。所以，UNIQLO成了名副其實的日本貿易全球化的先行者。**

「今後，隨著『少子高齡化』現象日趨嚴重，日本國內的市場必將持續萎縮。但是危機就是機遇，日本企業正好可以借此機會將貿易推向全球。這就是日本企業唯一的生存之道。」

之後，柳井正董事長斷言：在全球化企業中不存在中日的國境限制。

「所有企業的共同使命就是讓消費者滿意。而消費者沒有日本人和中國人之分。這就像在我們公司裡，日本員工和中國員工完全平等一樣，每個人都發揮自己的長處，共同促進公司貿易的全球化。」

我也問了有關UNIQLO品質的問題，他驕傲地說：

UNIQLO能夠取得今天的成績，應該歸功於生產加工地——中國。二〇一一年，UNIQLO的超高人氣保暖衣Heattech，僅僅在一個冬天就賣出了一億件。在這款新型內衣裡，UNIQLO使用了以下七種新技術：

一、發熱：纖維本身會吸收身體所蒸發的水蒸氣，並將其轉換為熱能；

二、保溫：纖維和纖維之間形成的空氣層發揮隔熱的效果，防止人體產生的熱量消失；

三、保濕：衣料中含有天然氨基酸乳清，增強其保濕性；

四、抗菌：衣料表面經特殊加工，不易沾染細菌；

五、彈性：使用了彈性紗線，使衣服達到貼身合體的目的，具有伸縮性；

六、防靜電：使用具有優良保濕性的纖維，抑制在穿脫衣服時產生的靜電反應；

七、保持形狀：使用了具有高度伸縮性和耐用性的布料，防止因洗滌而引起的衣服變形。

由此可見，正因為融合了如此細膩的技術，Heattech才能創造『銷售一億件』的驚人紀錄。

其實我在北京度過了三個最低溫度達到攝氏零下二十度的嚴冬，要是沒有UNIQLO的保暖內衣，我真不知道要怎麼熬過去。所以，每到十月，我就會去三里屯的UNIQLO買十件或者二十件保暖衣。

一旦穿上保暖衣，渾身暖洋洋的感覺就會讓人捨不得把它脫下來。可是，在感覺到溫暖的同時，我並沒有忘記身上的保暖衣是Made in China，中國製造。

這又讓我想起在日本非常流行的「百元店」。在這種「百元店」裡，盤子、筷子、杯子、儲物盒、帶手把的小鏡子、洗漱用品、文具、計算機等等，生活必需品一應俱全，而且每樣都只要一百日元（約新台幣三十元）。

這些商品也幾乎全部都是Made in China，可是來日本觀光旅行的中國人最喜歡來這種「百元店」。我每次陪他們去「百元店」，他們就三十個、五十個地買。

在我看來，這真是一番無比奇妙的景象。在中國生產的商品經海運到達日本，在日本上市後被中國人興高采烈地買下來，然後再帶回中國。

中國有成熟的代工技術

那麼，既然UNIQLO的保暖衣和「百元店」裡的商品大多是在中國生產的，為什麼沒有中國的企業自行研發類似的商品，然後在中國出售呢？

二〇一〇年中國成為GDP超越日本的世界第二經濟大國。從那時起，溫家寶總理等中國國家領導人就提出了「從經濟大國邁向經濟強國」的口號，並將「建立中國品牌」定為了目標。

可是，正如在上文中所說的，**所謂「品牌」，並不是「粗獷型」的東西，而是一個又一個細膩技術的「精緻型」集合體**。所以，「為什麼沒有中國品牌？」這個

問題就可以被置換成另一個問題：為什麼中國沒有細膩的技術？不，中國企業在為外國企業代工商品的時候，已經展現出了細膩的技術，所以中國並不是沒有細膩的技術，而是沒有使用細膩的技術製造本國商品的能力。

在北京工作期間，我曾經參觀過日本最具代表性的化妝品生產商資生堂的最新研究所。資生堂專為中國市場推出化妝品AUPRE（歐珀萊），並邀請演員孫儷為代言人，如今這一品牌已經贏得了廣大中國女性的青睞。

資生堂的研究所位於北京東南郊大興區——經濟技術開發區一棟一塵不染的純白色建築內。研究所內擺放著很多人體模型，很多研究員正在加工合成各種原料，夜以繼日地研究最新化妝品。

參觀結束後，我和身為日本人的研究所所長一起去附近的餐館吃飯。當他滔滔不絕地向我誇耀他們的研究的時候，我貿然提出以下的問題：

「我們都知道資生堂擁有一流的技術，能不能請您舉出這間研究所面臨的最大問題呢？」

聽完我的問題，這位所長稍微思考了一下，然後回答：

「應該是『人員流動不定』吧。在化妝品的基礎研究階段，我們一般需要持續十年或者二十年，可是現在的中國年輕人沒有這個耐性。這也許是因為外面還有更加色彩斑斕的世界吧。」

雖然回答的非常婉轉，但是我已經聽出了所長的本意。在日本，如果一個人在大學本科或者取得碩士學位之後進入某企業的研究所工作，那麼，在到六十歲退休為止的大約三十五年時間裡，這個人會一心一意地專注於自己的研究。這是日本人的「常態」。

所以日本的研究員能夠從基礎研究開始一步一腳印地不斷走下去。就像中國的成語「滴水穿石」所描述的情況那樣，只要日復一日連綿不斷，水滴終將穿透頑石。上述研究ＩＰＳ細胞的諾貝爾獎得主山中伸彌就是典型的日本研究員。

根據日本最大的獵人頭公司Recruit所做的，「二〇一三年大學應屆畢業生就業穩定狀況調查」結果顯示，在理科研究生中，希望能夠在公司常年穩定工作的學生人數比例高達九十五．四％；希望自己創業的學生僅為〇．八％。看來，即使是朝氣蓬勃的學生們也都趨向於穩定的工作。

而且，進入了這種安穩的大公司之後，所有人都會從自己潛心鑽研了多年的研究中找到生存的價值。所以，即使將人生中的幾十年都傾注在研究上，他們都不會感覺有一絲一毫的厭倦。而日本引以為豪的「百年技術」就是由無數位這樣的研究人員所一手締造。

但是在中國，年輕人即使進入了研究所，也不會「安分」。如果自己的研究領域「前景一片大好」，那麼在工作了幾年之後，大多數人都會離開原來的研究所，自己開公司。

反過來，如果工作了幾年之後發現自己的研究領域「前景依然暗淡」，那麼很多人就會徹底失去信心，然後抱著「現在跳槽還能把自己賣個好價錢」的心態跳槽到別的公司。

上文我曾提過，我在北京工作了三年，在那期間和我交換過名片的中國人只有一成左右能夠在民營企業裡穩定地工作三年，其中的原因應該也是如此。由此可想而知，在這種流動性極大的環境中，中國人想要長時間穩定地從事技術開發真是難上加難。

培養人才、扶植民營企業，是中國製造業的未來

中國技術的明天究竟在哪裡？

二〇一二年，在中國天津「夏季達沃斯論壇」上，主辦單位舉行一個類似主題的專題討論會。我全程參加這個約進行一小時的討論會，並仔細聆聽多位專家學者的高見。

討論會的具體主題是「中國製造業的前景」。按照微觀經濟學中的「定律」，如果全年ＧＤＰ的國民人均水準超過五千美元，那麼製造業的成本也會隨之上升，

依賴低價商品出口的經濟發展模式將會遭遇瓶頸。二〇一一年，中國的人均GDP達到五千四百三十二美元，超過了五千美元的門檻，那麼接下來的中國經濟將會如何發展下去？

現身講台的專家學者有：澳洲前總理陸克文（Kevin Rudd）、法國雷諾汽車公司CEO與日本日產汽車公司CEO卡洛斯．戈恩（Carlos Ghosn）、荷蘭皇家帝斯曼集團（Royal DSM N.V.）董事長兼CEO謝白曼（Feike Sijbesma），以及中國北汽集團董事長徐和誼等。擔任會議主持的是具有明星氣質的央視記者芮成鋼。

芮成鋼：中國足球代表隊世界排名第八十七，但據統計，中國的技術水準僅在世界排名兩百名左右；汽車中使用的高品質軸承尚且不能在中國生產；隨著薪資水準的上漲，跨國公司已經開始從中國撤資。在這種形勢下，中國製造業今後該如何謀發展呢？

謝白曼：中國的製造業，經歷了以下三個發展階段：一是進口外國商品並且仿造的時代；二是成為世界工廠的時代；三是與全球的企業進行合資的時代。接下來第四個階段應該是自創中國品牌的時代。

卡洛斯．戈恩：我以為對於擁有十三億人口的中國而言，製造業今後不應當捨棄低價商品型的經濟發展模式，而應融合先進技術型的經濟發展模式，雙管齊下。

以我的專業領域汽車製造業而言，在製造大眾消費車的同時也開啟高端車款的製造。

芮成鋼：汽車的確是很具代表性的例子，但是日韓能製造世界通用的品牌，中國卻沒有這個能力。中國貢獻了消費市場卻始終學不到技術，這是一個令人焦慮的狀態。

徐和誼：此言不虛。就拿汽車來說，中國目前仍無法掌握引擎、自動變速器、電子儀器這三方面的核心技術。如果中國今後不掌握先進技術，即便成為經濟大國也無法成為經濟強國。

卡洛斯．戈恩：我對中國製造業的未來沒有這麼悲觀。我們公司在世界近五十多個地區設立了工廠，在去年的生產效率比較中，中國的工廠位居第一跟第二。中國的就業者求知欲旺盛，富有潛力。接下來五到十年，中國應該能夠確立自己的品牌。鄰國日本創造出自己的品牌，不知道用了多少個十年，現在的中國需要的是耐心。

陸克文：我認為，現在的世界先進技術為中國提供了啟發，中國製造業今後的課題首先應該是優秀人才的培養，其次是大力發展民營企業。從全世界的先例來看，正是民營企業的優秀人才，開發出富有創造性的先進技術。

卡洛斯．戈恩：我也認為中國應當讓民營企業百花齊放，但有強勢的政府也並不一定是壞事。中國政府已經決定到二〇二〇年要生產五百萬輛電動車等無公害的汽車。這樣大手筆的決定是其他國家無法做到的，中國未來有可能站在汽車產業先進技術的前端。

老話重提，如今的中國缺少的是忍耐力。年經濟成長率達七．五％，汽車市場上每年新增一百萬輛新車，這在世界上任何國家都不可能實現，中國人應該要更有自信。但如果過於焦躁猛踩油門，將會重蹈覆轍。

徐和誼：的確如此，世界上很多跨國企業的經驗都已證明，如果不在自己的國家成為第一，進入世界市場後也自然會被淘汰，因此我國的製造業必須先在我國市場中站穩腳跟。無論如何，製造業今後依舊會是中國經濟的關鍵這一點不會改變。歐美因為拋棄製造業而走向經濟衰退，中國不能重蹈覆轍。

中國擁有雄厚的資本來提升技術，增加競爭力

如果用一句話來概括上述專家學者的討論，那就是：「與已開發國家相比，如今的中國在技術方面存在著嚴重的不足，但是只要堅忍不拔地堅持研究開發，中國一定能夠成為世界聞名的技術大國。」

我十分贊同這個說法。原因是：

其一，在古代，中國是世界首屈一指的技術大國，歷史輝煌。

其二，在現代，中國能夠生產UNIQLO的「Heattech」保暖衣、iPhone等等包含世界尖端技術的產品。

換句話說，中國充分具備研發世界尖端技術的能力。剩下的就是時間和方法的問題了。

在這裡，我想向中國企業提出一項個人建議，那就是：**不要與日本企業競爭，而是收購日本企業，或者雇用日本技術員工**。因為如果和擁有「百年技術」的日本企業競爭，中國的企業可能需要花上幾十年的時間才能勝出。所以，與其耗時、耗力地競爭，不如速戰速決地將日本企業收入囊中。

事實上，大部分的日本技術都是由中小型零散企業所掌握，而且這些企業都普遍存在以下兩個問題：

其一，資金不足。日本的銀行多傾向向大型企業融資，所以，中小型企業常常在資金周轉方面苦不堪言，只能憑藉以往的資金儲備和目前擁有的土地勉強支撐。

其二，員工日趨高齡化，且後繼無人。中小企業提供的工資較低，而且企業本身的發展前景堪憂，很少有優秀的年輕人願意進入中小企業工作。因此，支撐著這些企業的員工多是「五十後」、「六十後」，以及寥寥無幾的「七十後」。面對著這種「青黃不接」的局面，日本的中小型企業更是舉步維艱。

由此可見，中國擁有相對雄厚的資本，但是缺乏技術力量和經驗；日本擁有豐富的技術力量和經驗，但是缺乏資金和人力資源。簡而言之，日中合作的所有條件都已齊備。

那麼，中國應該如何「收購」這些擁有尖端技術的日本中小型企業呢？我個人認為主要有以下兩個方法：其一，招募中小企業裡的技術人員為己所用；其二，整體購買中小型企業。

前者就是雇用那些在日本中小型企業裡工作了三、四十年的「老人家」，讓他們來中國工作。當然這一方法的前提是，中國的企業能夠開出數十萬人民幣的年薪、為「老人家」們提供住房並配備翻譯。

另一方面，正所謂「老驥伏櫪志在千里」，很多「老人家」希望能夠在新的天地裡大展拳腳。過去就有不少日本的技術人員選擇台灣或者韓國，因此，他們也很有可能下定決心在中國拚盡自己的餘生。

而後者就是全面收購，或者「全面合作」。前文曾經提到，台灣的鴻海科技集團想要獲得日本夏普公司所掌握的全部液晶技術，但被夏普拒絕。這是因為夏普畢竟是日本具有代表性的大型企業，鴻海科技集團的收購計畫自然不能一蹴而成。

可是，要是換成了日本的中小型企業，面對著中方的雄厚資金，相信沒有哪家企業會說個「不」字。雖然作為北京分公司代表的我和中國的企業只打了三年的交道，但是根據我的經驗，在商務談判中獲勝的一定是財力雄厚的一方。

比如韓國三星電子集團。三星的技術原本來自於日本的三洋電機，後來二〇〇九年三洋電機因為經營破產被松下收購。這幾年三星積極將松下、三洋、索尼、夏普等優秀日本公司的優秀技術員工招至麾下。三星開出的條件遠遠超過他們所待的日本公司。中國的GDP已經亞洲第一了，所以以後很可能從中國湧出「中國的三星」。

如此說來，到了本世紀中葉，日本的大街小巷也許會布滿中國企業的招牌。而我這個「老人家」也有可能會在某家中國企業裡當翻譯。到那時，我會無比慶幸地說：「年輕的時候學了不少中文，真是太好了！」

第六章

日本缺什麼：廣闊的世界觀

從歷史的角度來看，日本人在兩千年來的漫長時代中，一直都是偏居中國邊境以東的一個「封閉」的民族，我認定日本人具有「封閉」的民族性，源自日本是一個四面環海的島國這一地理因素。日本由於四面環海，不容易為外敵入侵，因此不具有廣闊的視野，在單一民族的世界裡漸趨「封閉」，這一傾向可以說是從祖輩代代延續而來的日本民族DNA。

農業與勞工專家竟被任命為財務大臣

「Who is Mr. Jojima?」（誰是城島先生？）

二○一二年秋，在東京銀座採訪時，有好幾個外國人向我提出這個問題。

事情是這樣的。二○一二年十月九日～十四日，國際貨幣基金組織和世界銀行在東京舉辦一系列活動，以一百八十八個加盟國的財政部長，及中央銀行總裁為首，約兩萬名世界金融界的巨頭們齊聚東京。

這次活動，距日本上一次舉辦如此大規模的盛會已經時隔四十八年了。一九六四年，東京成功舉辦奧運，開通新幹線，使之成為日本經濟騰飛的原動力。

當時，全權操辦國際貨幣基金組織和世界銀行年會的財務大臣田中角榮，也藉勢當選日本首相，並促成中日邦交正常化。

而對於二○一二年的國際貨幣基金組織和世界銀行年會，野田佳彥首相從兩年前擔任財務大臣時就開始大肆造勢，號稱要「重塑日本的原動力」。

另外，為因應恐怖活動，五千名警力進行多達兩百五十次的警備訓練。

當天，包括東京國際論壇在內的其他會場，共舉辦了二十八場正式的會議，東京都內的各個酒店也承辦眾多世界金融機構的聚會。在十月十二日晚舉行的歡迎晚宴上，野田首相用自己鍾愛的日本酒，款待了來自世界各國的要員。

然而，在這一力圖重塑日本國際形象的盛會上，當我正要訪問世界金融界的巨頭們時，他們卻無不眉頭緊鎖，異口同聲地問我：「Who is Mr. Jojima?」（誰是城島先生？）

首相對世界局勢漠不關心，與鄰國失和

Mr. Jojima就是這場盛會的主辦者——財務大臣城島光力。世界金融界的要員們不認識城島財長是件理所當然的事，因為這位城島先生就任財務大臣還不滿一個星期。

九月底，日本有位著名的職業棒球選手阪神猛虎隊的城島健司突然發表了退役聲明，一時間輿論譁然。

因此，當十月二日宣布「新財政部長城島到任」時，很多日本人感到非常驚訝，莫非職業棒球選手變身財務大臣？城島光力這位政治家在日本的知名度之低由此可見一斑。

時年六十五歲的新任財務大臣城島光力在大學期間專攻獸醫學。畢業後就職於一家食品製造公司「味之素」，做了二十五年的上班族。在由他組織的一場演講大

會上，邀請前民主黨代表小澤一郎發言，就此被小澤一郎相中，並在四十九歲時成為國會議員。二〇〇五年的選舉落敗後，他將舊名城島正光改為如今的城島光力。

城島在學生時代、上班族時代、國會議員時代是農業及勞務問題方面的專家，但對財政金融領域並無涉獵。由他出任日本財務大臣，並且到任只有短短一週時間，就擔綱有「金融界奧運」之稱的國際貨幣基金組織和世界銀行年會的主辦者這一要職，想不招來國際社會的非議都難。

為何野田首相斷然執行這一「不合常理的人事安排」呢？這無非是由於首相感念這位可愛的城島先生拋棄其政敵小澤一郎，成為自己的心腹之臣，於是很想讓這員愛將風光一回罷了。

野田首相在二〇一一年九月初次組閣的時候，十八名大臣當中就起用了三名毫無經驗的「外行大臣」。最令我印象深刻的是，於九月二日就職的一川保夫防衛大臣，在其後召開的記者會上，他一開口就說：「我素來只處理農業問題，對國防問題可謂一竅不通。」有記者詰問：「既然什麼都不懂，為何被委任為防衛大臣，將一億兩千萬國民的生命財產及安全託付給你呢？」他僅僅簡短地答道：「我今後會努力學習。」

這位國防白癡的防衛大臣在上任之後四個月就被解職了。

然而接下來野田首相又起用了一名國防白癡繼任防衛大臣——田中直紀。田中大臣連運輸機跟戰鬥機的差別都弄不清楚就迷迷糊糊地赴任了，在三個月的任期中，有四十次無法在國會中答辯，每一次都導致國會被迫中止。有一次田中防衛大臣實在是無地自容，竟然從國會消失了。防衛省的官僚們四處尋找這位「消失的大臣」，而國會又一次毫無成果地空轉了一番。惹出這樣荒誕鬧劇的田中防衛大臣五個月後也卸任了。

野田首相為何要起用這兩個外行大臣掌管日本國防之要職呢？起用一川保夫是由於他是政敵小澤一郎的親信，提拔他就任防衛大臣恐怕是為了離間二人；而田中直紀，其妻子原外務大臣田中真紀子（前首相田中角榮的女兒）與小澤一郎走得很近，因此野田也想離間二人吧。

世界雖大，讓這些個外行們入閣，就任財務大臣和防衛大臣的，恐怕只有日本這個國家了。然而，在日本的首相官邸，這種「超級封閉的意志」卻四處橫行。

野田首相的思維方式用一句話概括，便是「坐井觀天」。在做出決議的時候，他僅僅只考慮自己眼前，完全不顧及國際社會將作何反應。二〇一二年日本接二連三地推出了對內對外的諸多新政，這些政策使得日本與近鄰中國、韓國成為敵對國。不能與鄰國建立良好的關係，這對於日本來說真是國家利益的莫大損失。

民主黨於二〇一二年十二月十六日進行了「眾議院議員總選舉」。國會席位從三年前的三〇八席掉到五十七席！而且，財務大臣城島光力、文部科學大臣田中真紀子等共八個大臣都落選了。真是自作自受。

然而，日本人中視野如此狹隘的，是否只有野田首相一人呢？非也，野田首相不過是「封閉性意志」強烈的日本人的一個典型罷了。

二十一世紀的世界正在發生翻天覆地的變化，只有日本人「坐井觀天」，只關注狹小的國內事務，對世界局勢漠不關心。

很遺憾，這正是日本的現狀。

官員在國際場合只會講日文、不與外國人打交道

每年一到九月份我都會對日本這一無奈的「現狀」感到痛苦，不禁仰天長歎。因為每年九月中國都會召開「世界經濟論壇・新領軍者年會」——夏季達沃斯論壇。

世界經濟論壇被稱作「經濟界的高峰會議」，每年一月底在瑞士一個寒冷的小鎮達沃斯舉辦。然而約在十年前開始，世界上發展速度最快、且經濟總量日趨增長的中國經濟走勢，逐漸成為與會者們的話題中心。在當時的中國總理溫家寶富有遠見的指示下，從二〇〇七年開始，每年九月都會由大連和天津交替舉辦「夏季達沃斯論壇」。

自二〇〇七年第一屆「夏季達沃斯論壇」到二〇一二年第六屆天津論壇，我連續六年參加這一盛會，大約有一百多個國家逾兩千名來自政界財團、乃至學界的精英們齊聚一堂，在一百多場討論會上就世界經濟及亞洲經濟今後的動向各抒己見。

開會時以英語為公用語，另外考慮到舉辦國，中文也被定為「第二公用語」。中國人在以中文發表演講時會有同步口譯，然而八成以上的中國與會者都使用英語發言。如果討論當中偶爾插入中文發言，聽眾們會慌忙拿起會場桌上的耳機聽口譯。

然而事實上，「夏季達沃斯論壇」除了使用公用語英語及中文之外，還為「第三種語言」準備了同步口譯——這就是日語。耳機的提示標籤上明確標記了「1英語2中文3日語」。

在兩千多名與會者當中，日本人最多不超過幾十名，為何要準備日語翻譯呢？帶著這一疑問，我找機會詢問主辦單位的工作人員，結果他帶著驚訝的神情答道：「全世界各國的領導人唯有日本人不會說英語，邀請日本的精英政要出席時，總會聽到這樣的答覆：『如果可以用日語發言就不妨出席一下。』因此我們不得不花費高額的費用，特意準備了日語口譯。」

在「夏季達沃斯論壇」上，我好幾次聽到日本人發言時總覺得哪裡不對勁，當全球的與會者都在用英語高談闊論，對世界經濟進行熱烈討論的時候，突然一個日本人開始用日語發言「ええっと、私が思うに…（嗯，依本人愚見……）」，這時全場的聽眾立馬拿起手邊的耳機，這番景象讓整個會場的氣氛為之一變，而不論日本人的發言內容有多麼精采卓絕，周圍的人都以「這個人究竟是何方神聖？」的目光打量發言的人。即便如此，發言的日本人彷彿絲毫沒有察覺自己讓前一秒還熱烈的討論有些敗興。

在論壇以外的地方也可以窺見日本人這種「封閉性思維」，例如午餐席位。

「夏季達沃斯論壇」午間時分在會場寬敞的自助餐廳為賓客準備了自助餐式的午飯，而午餐的席位並不固定，這給與會者們提供了一個寶貴的交流場所。

例如，你可以自由地選擇坐在一國總統的身邊，一邊進餐一邊聊天，擁有數十萬職員的世界級跨國公司的董事長很有可能就坐在你的旁邊。

我有幾次隨意坐下用餐，跟同桌的人聊天時竟發現對方就是芬蘭總統，或是盧安達總統，或是巴林的王子。我還跟美國花旗銀行行長，以及韓國LG集團董事長一同用餐過。

「夏季達沃斯論壇」最大的特點在於，無論是溫家寶總理這樣的一國總理，還是我這樣區區一名記者，每一個與會者都「以個人名義參會」，因此，午餐餐廳是一個可以跟世界上的精英政要交流意見、相互切磋的絕佳場所。

然而只有日本人，只有日本的與會者，綁在一團靜靜地用餐，他們不會向世界級的精英們搭話，而這些精英政要們自然也不會想要加入他們的小團體。看起來彷彿日本「唯我獨尊」，實則不然，「孤立無援」也許更恰當。眼前這種情景讓我突然意識到日本這個國家還是一個島國。

二〇一〇年九月在天津召開的「夏季達沃斯論壇」的午餐席上，當時我正與英國某位著名的經濟學家交談甚歡，突然背後響起「菅直人得勝啦！」、「小澤失敗了！」等日語的歡呼聲。

「夏季達沃斯論壇」上很少能聽到日語，所以我連忙轉過身，看到日本與會者像往年一樣聚在一張圓桌旁，每個人都如癡如醉地盯著手機看新聞快報。

他們正在關注當天的民主黨代表選舉的新聞，民主黨代表選舉儼然已經變成菅直人首相跟小澤一郎前代表的單挑對決，勝方將出任日本的一國首相，是日，菅直人首相擊敗了小澤前代表獲得連任。

然而即便如此，這個場合下日本人的舉動也太「不合時宜」了吧？

兩千多名與會者都在自助餐廳裡，世界各國的精英政要一邊用餐一邊討論世界經濟走勢，而當中只有一桌人醉心地關注「民主黨代表選舉」的情勢。

我對面的英國經濟學家問道：「日本與會者們怎麼這麼興奮？」於是我簡要地向他解釋了民主黨代表選舉，然而這個英國人說道：「是嗎？中國的鄰邦正在選舉啊，不過我沒什麼興趣。」繼而聳聳肩接著說：「我國跟日本同是島國，但國際視野卻大相徑庭啊。」這位經濟學家對日本只關注國內事務的狹窄視野提出了委婉的批判。

二〇一〇年的時候我雖然定居北京，不過我在日本時，有相當長的時間都是一名政治記者，所以對民主黨代表選舉還是頗為關注的，然而在「夏季達沃斯論壇」上，除了日本人以外，沒有一個人對中國的鄰邦正在進行的首相選舉發表過隻字片語，與此相對，參加「達沃斯論壇」的日本人則對選舉以外的事充耳不聞。

這道「日本與世界的鴻溝」究竟是怎麼回事呢？

媒體撤回駐外人員，電視新聞缺乏國際要聞

事實上，二〇一二年夏季，我在時隔三年後重返故土，對日本人的「封閉性思維」之日趨嚴重我感到十分震驚。

例如，看看電視新聞，卻幾乎看不到海外要聞，而三年前如果早上打開NHK的新聞頻道，至少都能看到中國、亞洲、歐洲、美國等主要國家地區的頭條新聞。

我在北京家中為歸國整理行李的時候，中央電視台的新聞每天都在追蹤敘利亞內戰的緊張局勢，可一回到日本，我甚至產生敘利亞內戰已經結束的錯覺，因為國內對敘利亞的局勢根本不作報導。

後來我才知道，日本的大型媒體早就不派遣採訪記者到敘利亞了。唯一一個留在敘利亞繼續採訪的日本記者是我十多年的老朋友山本美香。她是以自由記者的身分繼續她的採訪工作。後來，她在二〇一二年八月二十日採訪內戰時被槍殺。

不僅敘利亞，日本的多數大型媒體早就撤回駐非洲大陸的特派員，據說是基於「日本人完全不需要瞭解這些新聞，因此完全沒有必要花費巨額資金派遣特派員」這一判斷。

這與新華社在與中國建交的四十八個非洲國家大多設置特派員，並且人數還在增長的動向有著雲泥之差。不僅是非洲，日本的大型媒體甚至以同樣的理由逐步撤回駐歐洲乃至美國站點的人員。日本NHK電視台國際部的記者朋友對我說：「關於非洲的消息，我們都依靠新華社的英文消息。」

在鄰國首都北京，日本特派員的數目自二〇〇八年北京奧運達到頂峰以來也在逐年減少，而且日本一旦發生什麼大事或大案，這些駐北京的特派員們也會被當作「幫手」召回日本，可以說對於本國最大的貿易夥伴中國的新聞，日本人的關注度也在下降。比如二〇一一年三月十一日發生東日本大地震後，雖然北京處於召開「兩會」（全國人民代表大會、中國人民政治協商會議）的時期，大部分駐北京的日本媒體特派員都紛紛回國參與地震報導。

封閉性思維作祟：百萬人足不出戶、排斥移民

在北京經常可以看見市民們聚在一起打麻將，回到日本則發現民眾們愛玩的是老虎機。老虎機就是一個人坐在一部機器前，讓銀色的彈珠進入機器中指定的孔裡的一種遊戲。一百日元可以買到二十顆彈珠，進入孔裡的彈珠越多，獎金就越多。

有一天早上，在去東京赤阪採訪一位政治家的途中，我經過一家老虎機遊戲店，看到年輕人在店門口排著長隊等待遊戲店開門營業。我對同行的攝影師說：「在中國流行四個人一起玩的麻將，而日本人喜歡的是這種孤獨的遊戲啊。」結果他搖搖頭並說出下面這番話：

「老虎機這幾年已經不怎麼熱門了，現在大部分年輕人根本不出門，寧可自己待在家裡，據說全國有高達一百萬人幾乎足不出戶。」

這麼一說，我倒想起三年前那些漫無目的地走在東京街道上、遊魂一般的「孤獨身影」確實很少看到了。「孤獨身影」說的是那些一個人在餐廳用餐的年輕女性，她們嫌跟朋友或是男友一同進餐太麻煩，乾脆自己一個人吃飯。這種現象很久以前似乎引起人們的討論，現在看來這些孤獨的人選擇自己待在家裡了。

住在北京的時候，對於11月11日的「光棍節」我還是挺嘆服的。在中國，為孤獨的人舉辦相親派對等方式來度過這一天似乎很常見，現在日本最該引入的，不正

是這個「光棍節」嗎？

在我去北京之前，日本的「移民大討論」十分熱烈，前面也提過，日本今後將快速進入少子高齡化社會，比起負責看護的年輕人，需要照料的老年人反倒更多。

要解決這一問題，有人提議接收菲律賓及印尼等鄰國的護士和家政人員移民日本，反對派則認為，海外移民的語言障礙和子女教育問題會導致社會不穩定。

而現在連移民大討論都已淡出公眾視野，「接受移民派」早就銷聲匿跡了，這一現象的背後，是日本人對外國已然失去興趣的「封閉性思維」在作祟。

島國環境型塑日本「封閉性意志」的民族性

而加速日本人這種「封閉性思維」發展的，則是日本「三一一」大地震。二〇一一年三月十一日，東日本大地震奪走一萬九千多人的生命，地震發生時我在北京，並沒有什麼「真實感」。經歷這場前所未有的災難，日本人再次深切體會到鄰里鄉親的重要性，那一年，跟鄰居們一起吃火鍋、放煙火的人多了。

日本每年年底有一個慣例，那就是由日本漢字檢定協會選出最能代表當年世態民情的一個漢字。二〇一一年的「年度漢字」是羈絆的「絆」字。日本人在經歷了大地震之後，更加認識到鄰里鄉親間的「絆」的重要性。

然而我在北京聽到這則新聞時，總覺得有點不對勁。東日本大地震發生之後，中、美兩國都派遣救援隊趕赴災區，當時的中共領導人胡錦濤第一時間前往北京的日本大使館弔唁。如果說「絆」很重要，那也應該從更加國際化的角度把握這個字的含義，也就是應該更加深刻地認識到日本與世界的羈絆才對啊！況且地震引發的福島核電站爆炸事故，也為全世界帶來了不安。

然而視野狹窄的日本人儼然一副只掃自家門前雪的姿態，日本人眼中的「世界」，最多只有「日本全國」這麼大。

而且作為這場地震的「後遺症」，災難摧毀日本人在戰後逐漸培養起來的自信心。

例如半個世紀以來繁忙運轉的汽車製造工廠在一瞬間化作瓦礫，面對這場突如其來的災難，日本人喪失了「從零開始重建家園」的勇氣，而是陷入了一種「無能為力」的絕望之中。

實際上，從那個時候開始，日本人的「目標值」就一瀉千里：那些旨在製造出世界一流汽車的人們，現在只要每天一日三餐無憂就知足了，柔弱如草食動物般的日本人像複製人一樣大量湧現。

其代價就是，日本人的「國際化視野」就這樣喪失殆盡了。

然而從歷史的角度來看，日本在兩千年來的漫長時光中，一直都是一個偏居中國邊境以東的「封閉」民族，因此「喪失國際化視野」的說法也許並不準確，確切地說應該是「恢復到從前的狀態」。

接下來，我想從歷史的角度對日本的民族性做一番考察。我認定日本人具有「封閉」的民族性，源自日本是一個四面環海的島國這一地理因素。

日本由於四面環海，不容易為外敵入侵，因此不具有廣闊的視野，在單一民族的世界裡漸趨「封閉」，這一傾向可以說是從祖輩代代延續而來的日本民族的DNA。

實際上，回顧兩千年來的歷史，日本僅遭遇過三次他國的入侵。

第一次發生在一二七四年及一二八〇年，日本兩度遭受「元寇」侵襲。元朝皇帝忽必烈下達侵略日本的命令，當時元軍在今福岡縣博多灣登陸，殺害數千名日本兵，最終被稱作「海洋的恩惠」的夏季颱風侵襲導致元軍的艦船相繼沉沒，才使日方的損失得以降至最低。

第二次在日本鮮為人知，是一四一九年的「應永外寇」。朝鮮素來對猖獗的倭寇（日本海盜）深以為患，於是發兵攻打了倭寇的大本營對馬（今島根縣離島）。

據記載，朝鮮出動了一萬七千兩百八十五名兵力，共乘坐兩百二十七艘軍艦在對馬登陸，聲稱「對馬有史以來一直隸屬朝鮮的慶尚道，當從速歸還」，並燒殺劫掠了約兩千戶民家，然而朝鮮軍隊遭到日軍的猛烈反擊，傷亡達兩千五百人以上，僅僅十六天就全面撤退了。

時至今日，韓國慶尚道馬山市仍然將朝鮮軍隊登陸對馬的日子——六月十九日稱作「對馬之日」，舉行紀念活動。

第三次發生在上個世紀太平洋戰爭末期的一九四五年，美軍登陸沖繩之後。當時約十六萬沖繩民眾無辜犧牲。其後，兩枚原子彈在廣島、長崎爆炸，分別造成二十四．二萬及十三．七萬名受害者，日本由此宣布無條件投降，開始了戰後長達六年多的美軍占領期。

總而言之，日本在近兩千年的歷史中，有，且僅有三次遭受他國侵略，而且這三次當中的前兩次實際上都是以「占領未遂」告終，因此被美軍占領長達六年算得上是唯一的「污點」。

世界雖大，像這樣受地理環境庇蔭的國家，除了日本別無他例吧，日本史的和平期之長，在世界史上都堪稱奇蹟，從天皇的血脈持續了一百二十五代可以窺見一斑。

也正因為如此，日本人缺乏廣闊的視野，「一味追求和平」，形成了「封閉」型的社會。

於八世紀前葉的奈良時代編纂的《古事記》，稱得上日本最古老的歷史書，書中記載，古代日本人把山川、草木、田園，乃至自己的大小便，這些包羅萬象的事物都看作「神靈」，平心靜氣地過著被這些「神靈」守護的安穩日子。

作為日本最古老的詩集，於八世紀後期的奈良時代編纂的《萬葉集》收錄了多達四千五百首短歌，然而這些短歌的題材非常狹窄，所吟詠的，無非是「仰面瞻聖容，人生復何求」之類臣下誓死追隨天皇的詩，或是在旅途中看見草木落葉，則對佳人思之如狂的男性詩歌。

進入平安時代（七九四〜一一九二年）以後，正如「平安的時代」之寓意，日本停止向唐都長安輸送遣唐使，逐步進入了一個「封閉」的時代。這個朝代的皇親貴冑們所熱中的，不是戰鬥而是戀愛。

有平安時代最高傑作之稱的《源氏物語》，描述帥哥主角皇太子「光源氏」與眾多女子的戀情，其中有確切姓名的就多達二十七人，他夜復一夜地流連在這些女子的閨閣之中，直至生命枯竭。

另外，被稱作「中世三大散文集」的三部散文作品描述的也都是和平的世界。首先，吉田兼好所著《徒然草》當中有一則著名的故事，對是否要為一棵橘樹圍上柵欄，作者冥思苦想難以抉擇；其次是清少納言的《枕草子》，作者不吝惜筆墨，對雲氣氤氳、紫光微露的風景讚歎有加；最後是鴨長明的《方丈記》，作品雖然記述了當時的首都——京都頻繁遭遇地震、火災等天災人禍的景象，作者的筆端最終還是歸於寧靜。

平安時代以後史書記載的日本戰亂頻仍，然而無論是「源平戰爭」，還是「應仁之亂」，或是「戰國時代」，不過都是些島國之上爆發的小規模短期戰役，而且並不存在「外敵」的侵襲。

進入江戶時代（一六〇三～一八六七年）以後，世界各地戰火不斷，而日本卻如同隔岸觀火般享受了兩百六十五年的和平與繁榮。

江戶時代實行閉關鎖國政策，僅在長崎的出島與清朝、荷蘭，在對馬與朝鮮建立了邦交，其他國家的勢力一律遭到排斥，可以說是一個「超級封閉的時代」。

一八六八年的明治維新實現了江戶時代到明治時代的大變革，而它實際上是個不流血的革命。之後，一八九四年的中日甲午戰爭到一九四五年日本戰敗的半個世紀，眾所周知，是日本瘋狂侵略亞洲的時代。

然而，回顧兩千年的日本史可以發現，日本侵犯他國的次數有三次。

第一次是七世紀後期日本聯合百濟，與唐朝及新羅聯軍對抗的「白村江之戰」，第二次則是十六世紀末豐臣秀吉發動的「文祿慶長之役」，第三次就發生在十九世紀末到二十世紀中葉這半個世紀。而其他的絕大多數的歲月裡，日本軍隊從未跨海征戰過，可以說日本人從未思考過要去進攻海洋另一端的他國。

眾所周知，一九四五年戰敗後的日本，成為了世界上唯一一個擁有和平憲法，規定「不維持武力」的國家，實際上日本在一九四五年以來，近七十年間未向他國派過一兵一卒、發過一炮一彈。也沒有徵兵制度，在城市裡根本看不到軍人的影子。

這些既可以稱之為長處，反之也讓日本成為了一個「一味追求和平的國家」，國民視野狹窄，形成了「封閉性人格」。

日本目前被稱為「御宅族的聖地」，所謂御宅族就是「只愛收集無實用價值的物品的人群」，換言之，是一群「極度封閉自我的人」。

正因為日本是一個和平的島國，無論什麼事物都能占有一席之地，御宅族文化才得以繁榮。在敘利亞或是阿富汗等戰火四起的國家，毫無疑問，沒有一個御宅族。

地緣政治使中國具有廣闊的視野與洞悉全局的能力

接下來我打算跟日本史相較，大略回顧一下中國歷史。

需再次重申的是，四面環海的島國地理特徵，型塑日本「封閉性意志」的民族特性，而大陸地形造就中國人「視野宏大」的民族特性。

古代中國人的世界觀是「天圓地方」，人俯仰於天地之間，取天地之精華，青龍、白虎、朱雀、玄武四大神獸踞東西南北以正四方。試舉一例，秦始皇所乘坐的馬車「轀輬車」（也稱「安車」）有一個象徵著天的圓形華蓋，而華蓋之下始皇帝安坐的車廂則是一個四方形的箱狀構造。古代中國人的意識當中一直存在這種天圓地方（及鎮護四方的神靈）的認知。

因此對於中國人而言，世間萬物唯有天、地、人存在，而「人」就是指生活在大地之上的「自我」。我到中國各地旅遊，好幾次都被中國人這種「天、地、人的意識」觸動心靈。

實際上，到中國農村去看一看，會發現腳踏一望無際的平原之上，視野開闊，彷彿一幅三百六十度的全景圖，視野裡只有天、地和自我。仰觀天地之大，唯有蒼穹、大地，以及遙遠的地平線將兩者分開。古代中國人把自己棲息的土地稱作「中原」，確實有一種在廣袤的原野之中佇立的感覺。這種雄渾的感覺，對於居住在四面環海的狹窄土地上的日本人而言，是不曾有的。究其原因，日本除北海道之外，幾乎找不到一個地方能三百六十度看到地平線。

只要腳踏中國大地，就會產生一種天人合一的錯覺，這種感覺可以稱得上是中國人獨有的「忘我」境界，由此造就了中國人器宇軒昂的胸懷和廣闊的視野。

成書於周朝的《莊子》以如下句子開篇：「北冥有魚，其名為鯤。鯤之大，不知其幾千里也。化而為鳥，其名為鵬。鵬之背，不知其幾千里也。怒而飛，其翼若垂天之雲。」

如此雄渾的描寫，無疑發自中國人對浩瀚天空的原始憧憬，與我之前寫到的狹隘的日本古代文學有著天壤之別。其後無論是劉邦的《大風歌》，還是唐詩宋詞裡的描寫，都以天下興亡大事抑或雄渾的自然風物為素材，與日本人筆下的情詩豔曲迥然不同。而且，日本古典文學幾乎是「男女半分江山」，而中國文學則是由男性主導的，是一派雄偉開闊的世界。

實際上，與幾乎「千年如一日」的和平寧靜的日本列島相較，大陸上斗轉星移的王朝更迭十分劇烈，縱觀歷代中國北部與西部的外患：西漢時北匈奴羌氏，唐代時北突厥、西吐蕃，到了宋代則北有遼西、西夏，迄至明代北有塔塔爾西、吐魯番、塔里木，無論哪個國家的勢力都不可小覷，稍不留神就可能國破家亡、江山易主。

從東往西逆時針方向看，如今的中國與朝鮮、俄羅斯、蒙古、哈薩克、吉爾吉斯、塔吉克、阿富汗、巴基斯坦、印度、尼泊爾、不丹、緬甸、寮國、越南共計十四個國家接壤，陸地國境線全長約二・二萬公里，可以繞地球赤道半圈以上。而且，這些跟中國接壤的國家每一個都不是省油的燈：有四千三百公里邊境線毗鄰的俄國，本世紀進入了「普亭時代」，儼然帝制復辟；一千三百公里邊境線毗鄰的朝鮮，因為核武跟導彈開發問題引起東亞地區乃至全球的不安；在阿富汗，塔利班捲土重來，連世界第一大國的美軍都疲於應對；印度和巴基斯坦作為同樣持有核武的國家，則圍繞邊界問題紛爭不斷，而且爭端地點與中國接壤；緬甸與中國近來算是「冰釋前嫌」了，然而事實上這個國家已經持續二十多年由軍事獨裁政權主導。

如此一來，中國周邊時刻處在無法預知的驚險局勢中，而這種地緣政治局勢從古至今橫亙千年從未改變過，因此中國人始終具有廣闊的視野和洞悉全局的能力。

在中國，歷朝歷代立國都以「國防」為中心。自秦始皇以來，歷代王朝都推行戶籍制度，其首要目的就在於定期徵用保衛疆土的士兵。這一制度將十五歲至六十歲的男子悉數登記在冊，徵用他們服役一段時間。甚至可以說漢字文化的普及也直接服務於國防。

古代中國投入巨大的財力、物力，以及超乎想像的人力修築了「萬里長城」，在秦始皇時期，發動了七十多萬征夫修築萬里長城，全長達七千三百公里，如果用城牆將日本列島四周包圍起來，這一長度尚且還有餘裕，況且萬里長城絕大部分都修築在崇山峻嶺之中。

儘管如此，古代中國人仍舊不敢大意，在各大城市修築城牆，挖掘運河，絲毫不放鬆警惕。例如擁有一百五十萬人口的北宋都城開封，就是一個由裡外三層城牆包圍的城池。

然而儘管城池固若金湯，在中國四千年的歷史當中，仍舊時常遭遇他國的侵略和威脅。即使沒有外憂，恐怕又有內患、叛亂與內鬥不斷。翻開《史記》及《三國志》，記載的是一個日本人所難以想像的動盪不安的世界。

中國在國防上投入了大量物力人力，依舊在十三世紀被蒙古征服，十七世紀至二十世紀初被女真族（滿族）統治，其後又遭遇西方列強及日軍的侵擾。中國歷史，可以說是一部與周邊諸國殊死搏鬥的歷史。

要想在這樣的環境中生存，廣闊的視野和洞悉全局的能力就十分必要了。

如今的中國翻開了歷史新頁，人民終於過著和平富足的日子，並且融會了「多民族和平共處」的智慧。每年三月召開的全國人民代表大會上，身著各色少數民族華服的人們齊聚一堂，那景象就像來到了聯合國。這一點，跟由單一民族構成的日本也是天差地別。

我上文曾提到，我採訪了「愛國者」的總裁馮軍，「五十六個民族要怎樣和平共處？」

他回答：「大家圍著圓桌用餐的時候，如果其中有一個穆斯林，那麼大家都不會點有豬肉的菜，我們在相處的過程中，自然而然就養成尊重少數民族風俗的習慣。」

聽了這番話我陷入思考，「如果是在日本會怎樣呢？」我開始想像在日本吃飯的景象，才重新意識到日本料理原則上都是自己吃自己的，幾乎沒有大家在同一盤菜裡動筷子的習慣。

這樣想來，日本料理的飲食習慣與視野狹窄的日本人倒是挺契合的。如果像中餐這樣，在大盤子盛上佳餚並滿滿地擺上一桌，長著蜻蜓般眼睛的日本人一定無法應對吧。

而且從筷子的擺放方向來看，中餐的筷子都是豎著擺放，呈現進攻態勢，而日本料理中，筷子都是橫置在自己面前呈防守狀態。

中華文化與日本文化，其實可互補

如此看來，中國跟日本真是有「天壤之別」。中、日是鄰邦，都是黃種人，又都屬漢字文化圈，同受儒學浸潤，因而政治家們經常籠統地稱兩國「一衣帶水」，而實際上卻並未理解兩個國家的本質區別。中、日兩國的相似之處僅限於以上幾點，「天壤之別」的地方則不勝枚舉。

哈佛大學杭亭頓教授在一九九六年出版了一本世界級的暢銷書《文明的衝突與世界秩序的重建》，其中將世界文明分為幾種。具體說來有以下類型：西方文化、拉丁美洲文化、非洲文化、伊斯蘭文化、印度文化、東正教文化、佛教文化、中華文化及日本文化。

其中值得注意的是，中國文化與日本文化被嚴格地區分，並指出「東亞地區十八國各屬六種文明類型，情況十分複雜」。

我認為中、日兩國的民眾看待彼此時，與其持「相同」、「相似」的觀點，毋寧從「不同」、「不像」著眼，反倒更能發現新問題。

綜上所述，日本的不足正是中國的長處，而中國的不足正是日本的長處，中、日兩國正好形成一種互補的關係，雙方如果能夠精誠合作，則共存共榮指日可待。由此可見，中、日兩國應該攜起手來，共謀發展。

最後我想向讀者拋出這樣一個問題：是和平但發展空間不大並且狹隘的日本好呢？還是風險高但機會多並且開闊的中國好呢？

據我觀察身邊那些經常往返中、日的人，無論是日本人也好，還是中國人也罷，都有一個共同的看法，那就是男性認為中國好，而女性認為日本好。

也就是說，作為一個大陸性的國家，多少都具有男性化的氣質，另一方面，島國日本則偏女性化。

從前毛澤東主席曾說過「不到長城非好漢」，作為一個血性男兒，我十分贊同這句話。

登上北京郊外的長城，飽覽雄奇的風景，任大陸的風在身邊呼嘯，我不禁張開雙臂深吸一口氣，頓時覺得自己彷彿就是那一統江山的帝王，並且由衷地覺得：

「中國真快樂！」

第七章

台灣缺什麼？不缺什麼？

——二〇一四年四月底訪問台北記實

台灣原本居住了十三個原住民族，到了十七世紀成為荷蘭的殖民地，然後在明末清初由鄭成功率領中國軍隊占領；到了十九世紀末甲午戰爭時，成為戰勝國日本的殖民地；一九四五年以後，由國民黨政權統治到現在。

從這段歷史來看，可以說台灣文化確實是中日文化的融合。因此，在台灣居住的人們，同時具有中國的優缺點，也具有日本的優缺點。

台灣是外婆心目中的世界第一樂園

我的母親於一九三七年在台北出生，當時仍是日治時代，她的老家位於現在中正紀念堂後門的古亭町；外曾祖父曾經擔任日治時代最後一任的台北車站站長；外婆則是一九〇八年在台北出生，畢業於台北第一高等女學校（現在的台北市立第一女子高級中學，前副總統呂秀蓮也是該校畢業生），之後在台北銀行上班。

我母親的家族，由於一九四五年日本戰敗，捨棄在台灣的一切，回到日本的故鄉鹿兒島。

或許是戰敗後的日本生活水準跌落谷底的緣故，外婆總是對年幼的我述說在台灣生活的光榮時光。當時台北的發展，比日本本土更國際化。外婆說桐木建造的豪宅裡有三角鋼琴，由外國人教授英語，每天打網球等；台灣沒有冬天，糧食豐富，夜市整晚燈火通明；台灣米粉、以冷凍香蕉做成的甜點等，都是外婆經常端上桌的拿手菜。此外，外婆也能說簡單的台灣話。

外婆提起這些往事，最後總是以同樣一句話收尾：「台灣是世界第一樂園喔！等你長大了一定要去看看。」

我在這樣的環境下被撫養長大，因此成年後，從一九九〇開始，有好幾次來到

「母親和外婆出生的故鄉」。

一九九〇年初期的台灣，被稱作「亞洲四小龍」，當時的台灣社會，看起來的確生活富足。國立故宮博物院的典藏文物是稀世珍寶，烏龍茶更是馥郁芳香。最令我感動的，是充滿人情味的台灣人，每當迷路時，在路旁一打開地圖，周圍總有台灣人以流利的日文主動詢問是否需要協助。當一個人生活富足時，就有餘裕對他人伸出援手，是我來到台灣之後才知道的。

成為記者以後，我因為採訪而來到台灣。我曾經拜訪前總統李登輝的家，也曾採訪過陳水扁和馬英九兩位總統。

最後一次走訪台北，是二〇〇四年三月的總統選舉。就像各位所知道的，當時執政的民進黨陳水扁總統和在野的國民黨連戰主席，幾乎瓜分了台灣的選票，最後陳水扁以些微的差距險勝。

然而，從那時開始，整整十年我都未曾拜訪台灣。

這十年沒有到台灣的最主要原因，是身為記者的我，開始對勢力逐漸抬頭的中國感興趣。二〇〇九年到二〇一二年為止，我任職的出版社派我到北京的分公司工作。當時的北京由於泡沫經濟而沸騰，中國的首都搖身一變，一躍成為亞洲的首都。我從日本人的觀點，出版了將近十冊有關中國的書籍。

在松山機場感受到親切、有效率的服務

二〇一四年四月二十六日，我來到久違的松山機場，展開為期五天的台北之旅，重新體驗睽違十年、懷念的「香味兒」。

亞洲機場總是有著當地獨特的「氣味」。我在東京的成田機場或羽田機場，每一次回國時感受到的是醬油的味道；首爾的金浦機場，空氣中飄散的泡菜般辣椒味衝鼻而來；泰國的曼谷機場，有著椰奶香；北京首都國際機場，如果是以前，黃土氣息圍繞著身體，讓人有一種「我已經踏上大陸」的感覺，可惜現在迎面而來的是PM2.5懸浮粒子的空氣汙染，嗆得喉頭忍不住咳嗽連連。

至於台北，則是像是擔仔麵的路邊攤，有著台灣獨特辛香料的南國風中華料理的香氣。我只要一聞這個味道，長途旅程的疲憊都一掃而空。

除了這個台灣的香氣以外，松山機場完全像是日本的城市，絲毫不會令我覺得來到國外。確實，這個機場是日本於一九三六年建造，而在日本四國的愛媛縣，也有同名的「松山機場」，光是機場名稱，就會令日本人有種親切感。

不過，松山機場不會令我覺得身處「外國」的最大原因，是因為其中的氣氛就像是日本的機場。

機場內，有日本的7-11及黑貓宅急便進駐，而且廁所非常乾淨，到處都有清潔

人員清潔地板。行李推車雖然不是新的，但是推起來很順暢。取行李處，工作人員一一把旅客的行李整齊地排列在輸送帶上迴轉。別著義工標誌的義工媽媽，笑容滿面地在機場內四處走動。

這樣的「風景」，是我過去十年間往返北京首都國際機場時，從未見過的景象，很明顯地可以看出台灣與中國是屬性截然不同的地方。

在松山機場的海關，輪到我的時候，海關人員帶著笑臉以標準的日文對我說「你好！」，而且在我的護照上蓋好入境章時，立即又以日文說「可以了，謝謝您」，然後把護照正面朝向我，交還給我，這令我再一次感到驚訝。

更令人驚訝的事還在後面。我準備在機場的外幣兌換銀行把大約五萬元的日幣兌換成台幣。當時正好有三個日本女生排在我前面。她們具備日本人特有的猶豫不決性格，始終無法決定「究竟要換多少才好呢？」。她們談了一會兒沒有結論後，其中一人竟然冒失地說：「對了！乾脆問兌換處的先生好了。」於是她們面對隔著防彈玻璃那頭的台灣年輕銀行員，以日語問道：「請問，我們想在台灣待三天的話，應該要換多少錢呢？」

不過，對於這令人驚訝的提問，戴著黑框眼鏡的年輕銀行員，卻帶著親切的微笑，並且以流利的日文反問：「嗯……你們打算去按摩嗎？」

「我們想去！」（三人同時大叫）

「那麼，紀念品會買烏龍茶和烏魚子嗎？」

「想買烏龍茶，烏魚子這次就算了。」

三個女生和銀行員隔著防彈玻璃，進行著這樣的對話。最後三個女生帶著滿足的笑容，向銀行員道謝，然後揮著手說再見，離開外幣兌換處。

雖然因為這件事讓我等了好一陣子，不過，在目睹這一幕「奇景」的同時，我回想起在北京首都國際機場銀行外幣兌換處的某次經驗。

我最後一次在北京首都國際機場兌換外幣，是二〇一三年十二月二十八日。當時我在中國農業銀行有些陰暗的外幣兌換處，等了將近二十分鐘。外幣兌換處雖然開著，卻看不到銀行員，我問門口的警衛：「為什麼銀行裡沒人？」警衛回答我：「不知道，大概是去吃飯了吧？」

當我坐在那裡等行員回來的時候，一位帶著浙江口音的大嬸出現，她把手肘往櫃台一靠，等著行員出現。這是中國人特有的「絕對不許從我旁邊插隊」的標準架勢。

行員終於回來，他把室內的燈點亮，帶著滿臉倦容地問大嬸來辦什麼事。那位浙江大嬸也真是莫名其妙，明明是外幣兌換櫃台，卻詢問有關理財產品的問題，沒完沒了地糾纏了將近二十分鐘才離開。

終於輪到我時，我告訴對方：「想把一萬日元換成人民幣。」銀行員粗魯地說了一句：「護照！」然後立刻轉身，背對著我開始處理自己的事。我終於忍不住發火，隔著防彈玻璃對他吼了一句：「快點幫我兌換！」他才轉過身來開始幫我處理。結果，我只是兌換一萬日元，卻足足等了四十分鐘以上。

中、日文化天平的兩端，台灣傾向哪一邊？

重新把話題回到松山機場。我相隔了十年才又來到松山機場，過去支配我的日本民族和中華民族「二元論」開始瓦解。

本書二〇一三年在中國出版時，我提出以下的理論：

假設日本民族為A，而中華民族為B，A和B完全不同（A和B只是單純的記號，沒有孰優孰劣之別）。A和B就像圍棋的白子和黑子，假設A是白子，B就是黑子。然而，A並不是完全白子，只要翻過背面就會成為黑子；同樣的，B也不是完全黑子，只要翻過背面就是白子。只不過，在棋盤上A所顯示的是白子這面，而B顯示的則是黑子這面。相反的，當B以白子這一面放置在棋盤上時，A則以黑子這一面顯示。

具體來說，日本民族在服務、細緻的尖端技術、團隊合作較為傑出，中華民族在這些方面則趨於劣勢；相反的，中華民族具有決斷力、年輕化、視野廣度，但日本民族在這些方面則明顯不足。本書以上述六項分類來論述日本民族和中華民族的差異。

這次來台北的主要目的，就是因為我希望能在上述的「中日民族二元論」，加入台灣作為「驗證」。

一開始我抱著先入為主的觀念，認為同樣屬於中華民族的台灣人，若不是和中國一樣屬於B，就是列為和B同一分類的B'，然而在松山機場看到的景象，很顯然的，台灣人並不是B'而是A'。我所預設的前提，在來到台灣短短的十五分鐘內，就完全崩潰瓦解。

從松山機場坐上潔淨亮眼的黃色「TOYOTA COROLLA」計程車，我腦子裡的台灣人位相，開始由B'往A'移動。計程車和日本一樣極為乾淨，完全和在北京搭的有如「中華臭臭鍋」的計程車完全不同。

「請到台北車站附近的君品酒店。」我告訴司機目的地，司機微笑著點點頭。

「今天路上車流量不多，大概十五分鐘左右就會到了。」

計程車司機是一位六十歲上下的男性，他正聽著收音機的NBA轉播。當收音機傳來「比賽結束。一百一十六比一百一十四分，勝負只有兩分之差」時，他大叫：「啊！輸掉了！」

我對他說：「林書豪選手相當厲害呢！」司機搖搖頭笑了一下，原本握著方向盤的右手，抓起旁邊的五十元硬幣，拿給坐在後座的我看。

看到他的舉動，我終於明白了。原來在這裡，就連遠在太平洋彼端的運動競賽，都能成為賭博的目標。

我想起十年前來台北採訪總統大選時發生的一件事。當時在國民黨競選總部的採訪結束，我一走出那棟建築，送我出來的國民黨工作人員，悄聲對我說：「這次的總統大選，你們日本人會賭哪邊贏呢？」

我大吃一驚，他則繼續說道：「難得來台灣一趟，賭賭看國民黨候選人連戰，賺一筆錢再回日本比較好喔！」

我不禁驚訝地反問：「台灣連總統大選都拿來賭嗎？」

結果那位國民黨工作人員，對於我的疑問反而露出一臉更不可思議的表情。「那當然！聽說總統大選賭博的投票率還高於實際選總統的投票率！」他一臉自我解嘲地笑了。

的確，後來我住在北京時，中國人賭麻將也成為他們生活的一部分。不僅麻將，中國國內的職業足球「中國足球超級聯賽」就是賭博最大的溫床。中國政府一舉查辦足球賭博，將中國足球協會三屆副會長、兩位審判委員會主任、三十三名協會幹部，以及中堅球員都一網打盡。

「中國足球超級聯賽」賭博取締變得嚴格後，中國人開始以日本的「日本職業足球聯盟」為賭博對象。完全不懂足球規則的北京大叔，對於日本職業足球聯盟的選手名字卻如數家珍，令人嘖嘖稱奇。

我以前留學的北京大學有位教授曾經告訴我：「中華民族在五千年間，是以賭博為原動力而生生不息。例如『秋』這個漢字的語源其實是蟋蟀。古代的中國人，一想到當秋季完成收割後，可以藉鬥蟋蟀來賭博，就能夠為辛苦的收割工作而努力。」

在民間看到計程車司機的賭博行為，很顯然地是沿襲中華民族的傳統風俗。

當我腦海中的「民族二元論」天平，「台灣人」這個秤錘正由A'往B'傾斜時，計程車已抵達君品酒店。

接下來我在台北的五天，開始猶豫著如何定位台灣人。我要說的並非國家主權或領土的問題，而是文化傾向。台灣的文化，究竟應該視作「日本列島的延長線」，還是「中國大陸的延長線」？我應該把台灣人視作「日本化的中國人」，還是「說中國話的日本人」？

例如，當我進入位於君品酒店旁邊的台北車站，那裡是一個「日本的延伸空間」，車站內就像日本車站一樣乾淨，當我問路時總有人親切地告訴我。車站的東側，展示著一九二三年日本製造的LDK58型蒸汽火車。從這裡發車的「自強號」，是日本新幹線技術首次輸出國外。

車站內竟然有六家7-11。其他店鋪包括東急手創館、長崎強棒麵、大戶屋、一風堂拉麵、本川製麵所、源吉兆庵、丸壽司、FLORA CHOCO等等，簡直就和東京車站沒兩樣不是嗎？

和果子店「源吉兆庵」的看板上用日文大大地寫著「把日本文化的美感和精神，傳達給下一個世代及世界各地」。即使是曾經在北京生活了四年的我，看到這個看板仍然不免大為驚奇。如果北京車站樹立這樣的日文看板，恐怕不用幾個小時，店家就會遭到路人圍攻，甚至會通報警察逮捕店員。這是因為目前的中國政權，仍然把日本視作「敵對國日本鬼子」。

但令我覺得是「日本列島延長線」的台北車站周邊，卻也綿延著「中華民族的風景」。其中最令我驚訝的，就是到處都有銀行：彰化銀行、第一銀行、高雄銀行、台北富邦銀行、國泰世華銀行、聯邦銀行、永豐銀行、大眾銀行、元大銀行、合作金庫、大台北銀行、慶豐銀行、台灣企銀、萬泰銀行、匯豐銀行、星展銀行、華南銀行、兆豐商銀、安泰銀行、新光銀行、台灣銀行、中國信託銀行、上海銀行、土地銀行、遠東銀行、日盛銀行。

我看到的竟然多達二十六家。台北人口大約兩百七十萬人，如果是日本同等規模的都市，應該頂多是三菱東京日聯銀行、三井住友銀行、瑞穗銀行等三大銀行，再加上兩、三家被稱作「地銀」的地方銀行吧？

為什麼台北車站周邊的銀行竟然多達二十六家呢？這很顯然是承襲中華民族傳統的「錢＝命」的思想。

位於北京天安門廣場東側的中國國家博物館中，展示著一九六八年從河北省滿城西漢諸侯中山靖王墓出土的「金縷玉衣」複製品。以一千一百克的金絲、兩千四百九十八片織成、手工精巧的「金玉鎧甲」，讓亡故的人穿著下葬，祈求來世仍然享有榮華富貴。至於一般平民百姓無法如此奢華，所以只能以銅錢象徵葉子形狀，抱著「搖錢樹」下葬，祈盼「來世能夠變成有錢人」。換句話說，不論有錢沒錢，都希望投胎轉世後能夠成為有錢人。

到了現代，中國人在清明節掃墓祭祖時，還是有焚燒「紙錢」的習慣，祈禱「祖先來世能夠成為有錢人」。每當我看到這種焚燒假鈔拚命祈禱的景象，就像看到中國人是「金錢教」信徒的模樣。

住在北京時，在其他場合也經常見到這類中國人信奉「金錢教」的景象。比方說父親帶著年幼的孩子上街，由於北京的道路到處坑坑洞洞，使得年幼的孩子摔倒而大哭。這時候，父親罵著號啕大哭的孩子：

「哭什麼哭，跌倒了不會順便撿個錢站起來嗎？」

另外，到了北京的花店，總會看到許多花草的命名和錢有關，例如：金錢樹、發財樹、富貴樹、八方招財、金玉滿堂等。世上名為馬拉巴栗的植物，被中國人稱作發財樹裝飾在屋內，認為能招來財富。北京人真的是二十四小時都只想著錢。

台灣優點一：隨機應變、馬上行動

這次在台北的五天當中，我在台北看到許多事物，也和不少台灣人對話，結果發現，台灣人的文化，以固有的島國文化為基礎，結合來自台灣海峽西邊的中華文明，以及由北方而來的日本文化，融合而成台灣獨特的文化。

從台灣的歷史來看，印證了我的假設。台灣原本居住了十三個原住民族，到了十七世紀成為荷蘭的殖民地，然後在明末清初由鄭成功率領中國軍隊占領（鄭成功的母親是現在的長崎縣平戶市出身的的日本人）；到了十九世紀末甲午戰爭時，成為戰勝國日本的殖民地；一九四五年以後，由國民黨政權統治到現在。從這段歷史來看，可以說台灣文化確實是中日文化的融合。

因此，在台灣居住的人們，同時具有中國的優缺點，也具有日本的優缺點。接下來，我就簡要地闡述我所感受到的部分。

首先，台灣人承襲自中國最大的優點，就是隨機應變的特質。以台灣人的說法，就是馬英九總統在大選時喊出的口號「馬上行動」。這項台灣人的特質，可說正是台灣經濟發展的原動力——正如本書當中詳述的，這也正是日本社會的一大缺點「不馬上行動」的相反。換句話說，日本人做任何事，下決定總是耗費過多時間。

例如日本社會中，常因內部進行「慎重檢討」之際，周圍的環境卻已發生改變，導致最後的決定已經了無意義。就這一點來看，台灣和中國一樣，由於屬於「馬上行動」的社會，所以在進行許多事務方面，都非常有效率。

二〇〇四年，當我來台北採訪總統大選時，偶然間在便利商店買了《自由時報》，看到一篇社論寫了這麼一段話：

「對台灣而言，重要的不是選擇國民黨或民進黨，而是應該把票投給能夠改善台灣人生活的候選人。」

我看了這篇社論非常感動，雖然明知可能性很低，還是從住宿的飯店，打了一通電話給《自由時報》。

「我是從日本來台北採訪總統大選的記者。看了今天貴報的社論非常感動，雖然知道有些強人所難，不過，是否能幫我安排，我留在台北的這個星期當中，讓我與寫這篇社論的記者碰面呢？」

「喔，寫社論的記者是嗎？您稍等一下，我現在就查詢，請您先不要掛斷電話。」

等了幾分鐘以後，原先接聽電話的女性再度開口：

「能不能麻煩您三十分鐘後，直接到報社一樓櫃台來呢？」

我立即從飯店飛奔而出，坐了計程車直接前往《自由時報》。有位美女站在一樓櫃台前等我，帶著我進入報社。

我被帶到的地點，是董事長位於頂樓的豪華待客室。出現在那裡的，是一位身體硬朗的老人，他以流利的日語說：「我是寫今天早上那篇社論的報社發行人吳阿明。」

我十分惶恐，先說明了整件事的原委：

「我只是從日本來的一名小小記者，想要和寫今天這篇社論的記者會面，進一步瞭解對方的想法，沒想到竟然會見到董事長。」

董事長一聽我這麼說，當場哈哈大笑。

「這有什麼嗎？身為日本記者的你，想知道台灣最新的情報，身為台灣媒體工作者之一的我，想瞭解日本最新的情報，彼此能夠進一步交流，不是對我們彼此都好嗎？」

後來我們交談了一個半小時，對於兩國彼此的政治、經濟，以及亞洲國際關係交換許多看法。

這次的經驗，帶給我相當大的衝擊。如果情況倒過來，你是台灣媒體的記者，到東京採訪，不管是《朝日新聞》或《讀賣新聞》，你突然打電話過去，開口說

「我想和發表今天社論的記者見面」，你知道結果會怎樣嗎？報社接到這通電話的人，一定會認為只是頭殼壞掉的人打的惡作劇電話，直接掛掉不予理會。

在日本，一般的大企業，不要說社長，就算只是一個小職員，行程通常都在一個月前就排定了。例如我在東京時，如果和朋友相約晚上一起用餐，通常都在兩個月到一個月前就先排進行事曆。如果不預先排好，其他行程馬上會排得滿滿的，到時候一定又要排到兩個月後。如果四、五個人邀約一起聚餐，就必須確認彼此的時間，往往聚餐的時間會排到三個月以後。

來自這種「商場常識」的國家的我，打電話到一個素不相識的大報社，竟然能夠立刻和該公司的高層人物碰面，對我的衝擊簡直就像到了其他星球。

入鄉隨俗，我這次來台灣採訪時，也使用和十年前同樣的手法，聯絡了上一次的《自由時報》，以及其敵對報社《聯合報》。結果兩家報社我都是和總編輯會面。台灣令人佩服的「馬上行動」精神，真是一點都沒變。

台灣優點二：女性在社會上活躍的程度與男性相同

就我個人觀點來看，台灣具備的第二項中國式優點，就是女性在社會上活躍的程度和男性相同。

二〇一三年夏天，日本電視台播出《半澤直樹》，這部劇收視率超過百分之四十，堪稱過去三十年來最受歡迎的電視連續劇，劇中描述一位在銀行工作的銀行員，如何打擊銀行內外的「惡棍」而出人頭地。

這部連續劇在中國網路上早就出現盜版，但是，並沒有獲得好評；尤其是女性觀眾，對劇情更是不以為然。我曾經問了十位以上的中國女性，她們都口徑一致地批評「日本人把女性視為奴隸，根本是大男人主義的封建國家」。

上戶彩所飾演的半澤直樹之妻，是日本到處可見的家庭主婦。她專心地相夫教子，並且參加銀行中的「夫人聯誼會」（行員夫人之間的集會），作為丈夫出人頭地的後援。

然而，在沒有把「家庭主婦」視為「職業」的中國，日本人的妻子在她們眼中看起來如同丈夫的奴隸。為什麼日本女性在社會上沒有自己的工作？家事不是應該找傭人做，而不是全部要求妻子一手包辦嗎？日本的女性是不是被丈夫當作奴隸呢？無法理解「賢內助功勞」這個日本風俗的中國人，提出一個又一個質疑。

的確，女性進入社會參與工作的風氣太遲，是日本的缺點。就像毛澤東說的「婦女能頂半邊天」。事實上，已經察覺這件事的首相安倍晉三，也提出「女性進入社會」作為政府政策，全面施行。

六月十八日，「喝倒采事件」在日本鬧得沸沸揚揚。一位三十五歲的獨身美女在野黨「大家黨」議員在東京都議會上發表關於男女平等的演說時，遭到了台下眾多執政黨自民黨「老男人」的抨擊。「還做什麼演說啊，趕快去結婚吧！」、「妳是不是生不出孩子啊？」、「有沒有給妳男人戴綠帽子啊？」……面對這些惡語，這位女議員在直播現場失聲痛哭。對此，各國媒體的駐東京特派記者紛紛發文表示譴責：「這個歧視女性的國家怎麼有資格舉辦六年後的奧運！」後來自民黨總裁安倍首相向大家黨黨魁公開道歉。

這一點在台灣也明顯看得出來。

這次到台灣，我也拜訪了出版《台灣的兩面鏡子》的野人文化出版公司，雖然社長是男性，但旗下的總編輯、副總編輯等，全都是女性。

我在台北拜訪的廣告公司社長是女性，大型媒體公司也有女性擔任重要職務。走在台北街頭，台北出身的女性立法委員的海報，更是到處可見。

台灣優點三：令人感到「就算被騙也甘願」的優質服務

再來我要說的是台灣擁有的日本優點。

最大的優點，怎麼看都是不輸日本的服務精神。

二〇一三年九月，奧林匹克總會決定二〇二〇年夏天的奧運由日本東京主辦。

當時日本最強力的宣傳，就是服務的精神，也就是日本人常說的「賓至如歸」（おもてなし）。這句「賓至如歸」，甚至成為二〇一三年的日本流行語大賞1的熱門用語之一。

到目前為止，我曾經走訪世界各地大約五十個國家，確實也認為在「賓至如歸」的待客之道方面，日本表現十分傑出。在路上問路能夠得到親切的指引，更不要說計程車、餐廳、飯店、便利商店等這些原本就屬於服務業一環的產業，我認為日本人奉獻出的服務精神在世上無出其右。

不過，身處島國的日本，並不瞭解自己的服務精神多麼難能可貴，就像處於海洋國家的日本人，並不瞭解每一滴水有多麼珍貴。

直到去年秋天，東京成功取得奧運的主辦權，日本人終於發現自己的服務精神多麼可貴。現在的日本人，對於自身的服務精神，能夠自滿地說是世界第一。或許是我偏心，我認為日本人的服務能力、「賓至如歸」的待客之道，是日本民族特有的文化，外國人根本不可能模仿得來——直到這次訪問台灣之前，我一直都是這麼認為的。

我認為服務的精髓，就是讓對方衷心感到愉快。最高境界就是對方能夠信任你，覺得「就算被這個人騙了，也是自己的責任」。以日文來說就是達到「完全被俘虜」的境界。

例如到國外旅遊時，假設當地導遊竭盡心力地提供服務，甚至讓旅客覺得「就算被這個導遊騙了而被帶到危險的場所，我也心甘情願」，這就是因為信任那位導遊。如果一位導遊的服務能夠做到這個程度，就是達到服務的最高境界。

截至目前為止，除了日本國內，我從來沒有在其他國家感受過這樣的境界。然而，這次在台北，卻曾經數次浮現這樣的情感。

其中之一是計程車全心奉獻在工作上的模樣。

在台北時，我因為想買台灣的茶葉而去了貓空。原本也想搭貓纜，不巧遇到星期一是貓纜公休日，所以便從台北市區搭計程車上貓空。我在日本買的旅遊書上只寫著「貓空有將近一百家茶店」，但是在有限時間內也不清楚究竟該去哪裡。

計程車司機一聽我這麼說，立即表示：

「我對茶葉也很外行，不過，因為計程車開久了，載過很多客人到貓空，其中有一家店，每次載客人去買，客人似乎都很滿意喔！」

如果是在其他國家聽到計程車司機這麼說，我一定會產生很強烈的警戒心。通常都是計程車司機和茶店掛勾，只要把客人載過去，司機就能從當中獲利。我在世

1日本自由國民社主辦的活動，每年挑選出可反應當年度日本的社會現象，且引起話題的年度大獎及前十名詞句，並頒獎給這些詞句所相關的人物或是團體。

界各地，包括中國在內，都遇過類似的情景。

不過，因為在台灣，所以我信任這個司機。我之所以這麼說，是因為到目前為止，短短三天內搭了十次左右的計程車，每一次都被計程車司機的親切熱情所感動——這種經驗，除了日本以外，在其他國家從來沒有過。

就世界各國的常識來看，計程車司機不親切似乎天經地義。他們從一大早工作到深夜，開計程車幾乎都是「逼不得已才從事的工作」成為計程車司機時，多半都對社會抱持許多不滿。因此，世界各地的計程車司機說出口的話，總是充滿對社會的怨言，不然就是悶聲不吭。中國的計程車司機粗魯的行為，就如我在本書中的描述。

就這一點來說，只有日本比較特別，一般而言，計程車司機都很親切。那是因為日本特有的「職人氣質」。日本的計程車司機，具有「既然收了起跳費用七百三十日元，就應該讓客人舒舒服服地抵達目的地」的職業意識。從東京的計程車雖然都設置了衛星導航，卻幾乎很少使用來看，就可以證明這一點。所有道路，幾乎都在計程車司機的腦海中。

不過，台北的計程車司機，雖然同樣親切，卻又和日本的司機有點不同。與其說這是他們的職業意識，更像是發自內心的親切。

我一說「對台灣的政治很感興趣」，司機就把車停下來，同時將計費表按

「停」，再毫無保留地對我闡述台灣的政治狀況；我說「想吃吃看台灣的大眾美味料理」，司機就載我到又便宜又美味的店家。

最後一天我在飯店結完帳後，我搭計程車到松山機場。車一到機場，計程車司機還沒收錢，就急急忙忙地衝下車。我以為他想去廁所憋不住了，沒想到竟然是下車幫我將機場的行李推車過來。

回到貓空的話題。計程車迅速開上陰暗危險的山路，或許是因為貓纜公休加上陰天，路上看不到其他人，我開始感到不安。不過當時我告訴自己「如果是被這個司機騙了我也認了」，任憑自己隨著車子搖晃，被載往山上。

到了接近山頂時，司機終於把車停下來，他說：「我記得那家店應該就是走右邊這條步道上去。」

於是我請他在路邊等我，我則走上相當陡的台階進入店裡。

那家店並不大，只有一個老婦人在看店。我告訴她想看看茶葉，老婦人說：「我兒子是老闆，他正好出去了，我先幫你泡壺茶。」然後就開始把水煮開。接著差不多半個小時當中，她讓我試喝了木柵鐵觀音、高山烏龍茶、高山金萱茶、東方美人茶、高級佛手茶、文山包種茶等六種茶。而且都是分別用茶壺放入足量的茶葉泡給我喝。

就算是以「服務王國」自豪的日本茶屋，讓客人試喝時，也不過是象徵性地準備一種茶葉，最多兩種茶葉。而且，因為泡一整壺太過浪費，都是盡可能使用較小的茶壺，以減少茶葉的用量。

日本茶屋一開始先估算「這位客人如果這麼招待的話，大概會購買這麼多茶葉吧？」然後才決定如何招待。說穿了，就是「計算過的服務」。

然而老婦人卻對我表示「你特地從日本來喝我們的茶，令我很開心」，然後一壺接一壺地泡給我喝，這真的是「發自內心的服務精神」。

要是我試喝了六種茶，最後卻完全不買就離開，茶店損失一定不小，如果一天遇到十次這種狀況，說不定店家會因此倒閉。

品嚐馥郁的台灣茶時，我不由得想起自己二十年前結婚的情景。

當時日本的媒體，可以稱得上是人人憧憬的「明星產業」，身為其中一員的我，身邊有不少女性朋友。當時是女性也會採取主動的時代，所以有幾位女性積極地表現出想和我結婚的態度。而我則選擇其中一位看起來雖然不起眼，卻純粹只是喜歡我這個人的女性。我的妻子就像眼前這位老婦人的典型。從當時到現在雖然已經過了二十年，但我對於當時的選擇，一點都不後悔。

換句話說，「由衷、純粹無瑕的奉獻」勝過「經過計算的服務」。也可以說，台灣的服務精神，勝過了日本的待客之道。

最後，我買了幾乎雙手快提不動的茶葉，這是「純粹無瑕的服務精神」大獲全勝。

然後，原本在階梯下等我的計程車司機竟然跑過來，幫我把茶葉提到車上。真的是到處展現台灣人令人感到「完全被俘虜」的服務精神。

台灣缺點一：宣傳能力不足，不利於國際品牌

雖然是我個人的印象，接下來，我要開始說台灣人的「中華民族缺點」。

第一點是宣傳能力不足。

剛剛說的貓空茶屋這麼棒的地方，我是因為偶然遇到親切的司機帶我去才知道，否則我來到台北這幾天，甚至連「貓空」這個地名都沒聽過。不僅是我，應該大部分的日本人都不知道。

由於在海外完全沒有知名度，所以在貓空能夠以在北京茶店街「馬連道」三分之一的價格，買到同樣等級的茶葉。這也可以說，貓空的店家，把本來能夠賣得更高價的逸品，以超便宜的價格提供給顧客。

難得擁有「貓空」這樣聽過一次就不可能忘記的特殊地名，為什麼沒有更費心宣傳？與兩百七十萬人口的都市比鄰而居，擁有自然美景與馥郁好茶的「聖地」，竟然沒有廣為宣傳讓世界各國的人知道，實在非常可惜。

如果是日本的話，首先應該會製作「貓空吉祥物」，就像Hello Kitty一樣可愛的貓咪吉祥物，接著還會開發「貓空吉祥物」的周邊產品吧？貓空杯、貓空襯衫、貓空帽子、貓空筆、貓空智慧型手機套等等，透過宣傳，以讓貓空成為「世界的貓空」、「亞洲的貓空」為目標。

來自台灣的「亞洲品牌」有「鼎泰豐」的小籠包。一九五八年出身於山西省的楊秉彝，一開始在台北永康街的油行工作。我第一次到這家店，是一九九〇年初，台灣記者告訴我「有一家店小籠包很好吃」，所以帶我去了。當時只覺得是一家當地人熟知的小吃店，並未留下深刻印象。

然而，沒想到過沒多久，「鼎泰豐」越來越有名，現在連日本都設立了十三家分店，總是座無虛席。我住在北京時，附近的百貨公司「新光天地」裡面也有「鼎泰豐」的分店，是北京最難預約的餐廳之一。

說實話，和「鼎泰豐」同等級的小籠包店，在中國非常多。小籠包的發源地上海就不用說了，浙江或天津等地的小籠包也是絕品。我這次在台灣，也在新北市一家不知名的四川料理店，吃到在肉餡裡加了辣味噌的小籠包，絕對可以稱得上是人間美味。

那麼，為什麼只有「鼎泰豐」可以如此成功呢？

我認為完全是宣傳能力傑出的關係。至於是向誰宣傳呢？主要是美國人和日本人。一九九三年《紐約時報》的記者，刊登了讚誦「鼎泰豐」的文章，並且在同時期，雇用了能夠滔滔不絕講著流利日文的女店員，以三寸不爛之舌向日本觀光客宣傳。我以前每次去「鼎泰豐」，都十分佩服女店員有宛如說相聲的口才。不知不覺中，在日本形成了「只要去台北，就一定要去鼎泰豐」的風潮。

如果以日本行銷業界常識來說，「鼎泰豐」並未具備熱門商品的條件。首先是店名太難。

幾乎沒有一個日本人能夠說出「鼎泰豐」的標準發音。光說第一個漢字「鼎」，日本人就念不出來。日本的暢銷商品，都是簡單易懂，令人過目不忘的名字。然而，「鼎泰豐」的命名卻完全背道而馳。

其次是小籠包商品本身的單純性。說任何人都會做或許對「鼎泰豐」很失禮，但小籠包絕對不是一個複雜的食品。日本多數暢銷商品，都是「絕無僅有的商品」，也就是其他店家無法模仿的技術或特徵，所以才能暢銷。

「鼎泰豐」跳脫了一般暢銷商品的常識脫穎而出，在亞洲迅速崛起，應該是拜宣傳能力傑出之賜吧！

換句話說，如果能巧妙地加以宣傳，台灣能夠成為「亞洲品牌」，甚至「世界品牌」的「璞石」極多，能夠成為「第二個鼎泰豐」的商品不勝枚舉。

台灣缺點二：複製外來事物，缺乏脫胎換骨的能力

這次因為想在台北買中藥，所以我去了迪化街。迪化街的左右兩側，開了幾十家從日治時代就開業，歷史悠久的中藥行。

我在迪化街的中藥街逛了將近一個小時，發現了一件事。幾十家中藥店，呈現的是一強多弱的狀態。一強是「六安堂」，其他店家都是門可羅雀，唯獨「六安堂」前門庭若市，不斷有計程車載客人前來。

根據「六安堂」店員的說明，這是一家由楊靜如、楊誠法兄弟創立於一九一三年的老舖，店內還掛著馬英九總統來訪時的裱框照片。在聽店員解說時，也不斷有日本觀光客進入店裡採購。

「六安堂」和其他中藥店不同的地方，就是格外乾淨。中藥商品是吃進口中的東西，消費者當然希望盡可能購買乾淨的商品，所以乾不乾淨直接影響了對商品的信任度。

此外，迪化街的街道氣氛也有影響。這裡的房子幾乎都是七十多年前日本撤退時直接留下的老房子，甚至連一九一五年開業的郵局也照樣使用，如果深夜走在這條路上，甚至令人懷疑是否會出現幽靈氣氛詭異。其中有許多老店，陳列的中藥，令人看起來似乎數十年如一日。

然而，「六安堂」的商品都以黃色為底色，紅色邊框的真空包裝，整整齊齊地陳列在店內，光是這一點的清潔感就和其他店家給人的感受大不相同。而且店員都穿著燙得筆挺的制服，店裡的大型水族箱內，有著高級熱帶魚自在暢游。我向店家借廁所使用，裡面使用的是TOTO最新型的馬桶設備，也令我大吃一驚。

這種清潔的程度，容易被外國觀光客接受。我除了買八仙果等中藥，甚至在那裡買了烏魚子。

就中藥商品而言，我想不論在迪化街任何一家商店購買都應該大同小異，但是由於店內清潔程度的懸殊，使得「六安堂」能夠獨占鰲頭。

我想「六安堂」在獲利到某個程度時，就曾經把店裡改裝得美輪美奐吧？而經過改裝，又為店裡帶來更多生意上門，形成良性循環。

相對之下，其他店鋪可能因為生意不佳沒有獲利，所以也沒有進行改裝，於是就形成了「外觀」輸給「六安堂」的惡性循環。

不過，特地從飯店搭計程車到「六安堂」來購物的日本觀光客既然這麼多，就代表迪化街有著活絡商機的大好機會。

上海旅遊景點「新天地」，原本被稱作魔都上海，維持著二十世紀前半昔日風景的倉庫街。後來藉著上海舉辦二〇〇一年APEC（亞太經合組織）會議的契機，改裝成留有舊時代氛圍的新觀光景點。

同樣的，往昔為日式街道的迪化街，如果能夠巧妙地脫胎換骨，一定也能發展出台北最新觀光景點的風貌，例如「台北新天地」的誕生。

有關脫胎換骨這件事，我想再多加闡述。

走在台北車站附近時，我發現了一件事，世界各國沒有任何一個地方，像台北這樣充滿了日本的商店。7-11、全家便利商店、摩斯漢堡、樂雅樂家庭餐廳、CoCo壹番屋咖哩、長崎強棒麵、Mister Donut等。日本的商店招牌簡直如洪水來襲般地映入眼簾。其實我想吃的是台灣本地的料理，但是在車站附近走來走去，看到的卻幾乎都是日本的商店。

仔細一想，日本料理的歷史，其實是脫胎換骨的歷史。

日本和中國不同，過去曾經非常欠缺食物資源，再加上重視勤儉簡約的武家社會持續了將近七百年，因此純粹的日本料理，除了京都一部分以外，並沒有發展。

例如，日本料理的代表：壽司，原本是江戶末期料理人用剩下的食材做的員工餐，歷史還沒超過兩百年；天婦羅則是起源於十六世紀葡萄牙的天主教傳教士來到日本時，星期日基於宗教原因不吃肉，因此把蔬菜裹上麵衣當作肉來吃的「Temporal」（暫時替代品）。

現在如果問日本小孩最喜歡的「三大食品」是什麼，答案是咖哩飯、義大利麵、漢堡。然而這三項分別是印度料理、義大利料理及美國料理。而且，在日本店舖最多的拉麵店則是中華料理。

然而日本人具有優秀的脫胎換骨能力，曾經有位義大利女性友人在東京的義大利餐館吃了「和風明太子義大利麵」而感動不已，她說：「我從來沒在義大利吃過這麼好吃的義大利麵。」

同樣的，美國友人在摩斯漢堡吃了「和風照燒豬肉堡」而讚不絕口；中國友人則為「札幌味噌拉麵」而嘖嘖稱奇。我沒有和印度人一起在東京吃咖哩的經驗，但我相信他們一定會對咖哩在日本料理中變身成「咖哩可樂餅」、「西洋風燉牛肉飯」瞠目結舌。這些都是透過日本人脫胎換骨後的外國料理。

反過來說，美國人加入自己的創意，製作出西式風味的加州卷壽司。另外，在日本習慣上是「壽司配冷酒（冰鎮後的日本清酒）」，但美國人卻獨創「壽司配白葡萄酒」的佐餐方式。事實上，加州冰鎮過的夏多內白葡萄酒（Chardonnay）和壽司的確很搭。因此，現在連東京的壽司店都一定備有白酒。

然而，台北的日本料理店又是什麼狀況呢？台北日本料理店的菜單上，只是把日文換成中文，完全看不到脫胎換骨的痕跡。

每當看到台灣的日本料理店，只會令人覺得店家完全把重點放在「和日本原產地的料理有多接近」，如果和歐洲那些推出根本看不出是壽司的店家相較之下，或許這一點非常重要。

然而，「模仿品永遠不可能勝過原創商品」也是事實，這和不論畢卡索的畫模仿得有多好，都不可能超越畢卡索是相同的道理。

台灣人為什麼不乾脆讓壽司變身，創造出「蚵仔煎壽司捲」，或是在台北的7-11推出「魯肉御飯團」呢？

我並不認為台灣人缺乏創造力。這次來台北採訪時，我去了位於中正紀念堂附近的歷史博物館，我先從一樓到四樓大致參觀一遍，然後進了一樓右手邊的商店。

當我看到裡面掛著的一幅長幅畫作時，彷彿全身受到電擊般地震撼。

那是一幅畫著三十六尾橘色金魚在水中嬉遊的彩墨畫。金魚擺動的模樣，呈現出無比的自由瀾達。無為自然、純粹無垢，彷彿其中包含了一切的自然哲理。我走訪世界許多美術館，但對於「動物畫」這麼感動卻是第一次，雖是動物畫，其中的三十六尾金魚卻彷彿人類社會的風景。

請教了工作人員後，我才知道這幅複製畫，是台灣畫家也是建築家的陳其寬（一九二一年～二〇〇七年）以孔子說的「有朋自遠方來」為題，於一九六九年畫的作品。我看著這幅比自己身高還高的作品，一眼就中意，當場就買下來了。

買了之後，我煩惱著如何寄回日本。這時候不愧是超過日本的「世界第一服務大國」，商店的店員花了三十分鐘仔細包裝，長榮航空也慎重地運送，因此現在裝飾在我東京住家的客廳裡。

我要說的是，台灣有著像陳其寬這樣具有傑出創造力的人，他們能發揮這樣的才能，創造出各種「台灣品牌」。今後台灣應要該向世界各國多加宣傳。

台灣缺點三：缺乏危機意識的島國和平癡呆症

最後我想指出的是台灣人身上的「日本式缺點」。如果一言以蔽之，那就是「島國和平癡呆症」[2]。

一九九〇年以後，台灣人取得極其珍貴的「寶物」，那就是民主。然而，我認為現在的台灣人，尤其是台灣的年輕人，對於使用民主寶物的方法有一些錯誤。

四月二十七日星期日下午，台北市內有一場大規模的反核遊行，參加者據說多達五萬還是十萬人。

看過日本福島核災悲劇的我，也屬於反對核能的一分子，因此，雖然我是外國人，我也臨時加入了這一場反核遊行。

「停建核四！還權於民！立即廢核！不要拖延！」

遊行的人高舉右手，在忠孝西路上前進。

2 人民長期處於無戰爭狀態，以致欠缺危機感。

一知道我是日本人，遊行的台灣年輕人立即圍著我，「請告訴我們福島核電究竟有多危險。」因此我告訴他們：「管理福島核電廠的東京電力公司曾經誇下海口：『福島核電廠有五重嚴格管理，是世界第一安全的核電廠。』然而實際上，二〇一一年三月卻發生了史上前所未有的核災，由國際原子能總署認定的福島事故等級是最高的『危險度7』，足以和『車諾比核災事件』匹敵，現在仍有超過二十萬的居民被迫過著避難生活。被汙染的水流進海中，農地和漁場都完全遭到破壞。

「核能最大的問題，在於地球上仍然沒有處理核廢料的完善處理場。日本現在雖然已經有五十四座反應爐停止運轉，但並未發生電力不足的狀況，所以我認為核電應該立即廢止才對。」

台北的年輕人聽我這麼一說，紛紛拍手叫好。

雖然我和台北的年輕人一起參加示威活動，但是卻切身感受到他們和上個世紀後半的日本人，同樣陷入「島國和平癡呆症」。

比方說他們認為：「占據立法院的太陽花運動成功，因而對於這次的反核運動也有很大的信心。」

我聽了以後問他們：「占據立法院，難道不是非法入侵嗎?立法院猶如『台灣民主政治的象徵』，占據神聖的議場是褻瀆了民主。今天若是在日本有學生占據國會，當場就會被警察逮捕，也會遭到日本國民冷眼以待。」

聽我這麼一說，他們立即反駁：「因為馬英九政權強行推動和中國的服貿協議，所以我們才會採取直接行動。」

「不過，馬英九總統的政權並不是發動政變掠奪而來，也不是像中國一黨獨裁的政權，而是經過你們投票選出的總統不是嗎？而且，還是你們二〇一二年經過選舉讓他連任的結果。然而，你們卻嘲笑他是『九趴總統』，從外國人的觀點來看，兩次投給他，如今卻嘲笑他的選民，才是最愚蠢的。」

剛剛把我當救世主般讚美的台北年輕人，這時候突然開始露出一副要吵架的樣子：「即使是自己選出的總統，當他做了不該做的事，加以糾正才是真正的民主，不是嗎？」

「就算是退一百步來說好了，事實上，占據立法院的做法，就是犯罪與破壞行為。你們所做的事，和中國一九六六年的文化大革命時喊的口號『造反有理』根本毫無兩樣。日本雖然大幅報導占據立法院新聞，卻沒有任何一條新聞評論『台灣的年輕人做得好』，也沒有任何日本人會這麼想。」

這些台灣年輕人，終於忍不住憤怒了：「但事實上由於我們的學運，馬英九政府和中國的交涉才會往後延。這次也是因為我們的抗議活動而暫停核電的續建。」

「這並不代表馬英九政權有反省，而是因為考量十一月的地方選舉，所以才採取這樣的行動。事實上，馬英九總統明天預定在總統府和日本擁核派國會議員碰面，私底下他照樣積極推動續建核電。」

「那麼，難道我們所進行的抗爭不是民主的展現嗎？」

「如果是合法的抗爭當然沒問題，但是像現在行政院的周圍都是拒馬圍繞的狀態，很顯然已經異常，這已經是濫用民主了。」

「你胡說什麼！我們現在是貫徹林義雄先生絕食的意志。」

「你們說是貫徹林義雄先生絕食的意志？若是這樣的話，你們這麼年輕力壯，就由你們來進行絕食才對，不是嗎？一九八九年占領北京天安門廣場的中國年輕人都貫徹絕食要求民主。為什麼你們一面抗議，卻又一面吃便當、喝啤酒？」

後來和年輕人雖然仍繼續議論下去，但雙方的看法始終是平行線，毫無交集。

原本我開始關心中國社會，就是因為受到一九八九年天安門事件的衝擊。當時，日本正好來到泡沫經濟的最高峰，被稱為「泡沫世代」的年輕人，謳歌著青春。我也是其中之一。由於看到同一世代的年輕人在北京捨命與政府對抗的身影，才因而覺醒。

然而天安門事件最後的結果，是年輕人完全落敗。失敗的原因有很多種說法，就我的理解，是因為鄧小平的指揮團隊，比年輕人「更有智慧」。相對於鄧小平著眼於國家未來的五十年而採取行動，當時占據天安門廣場的年輕人，只不過是一群只看到眼前的「烏合之眾」。

我不希望現在的台灣年輕人，重蹈二十五年前北京的失敗。現在的台灣年輕人，擁有二十五年前，北京年輕人沒有的「民主」這項武器。因此，我希望台灣年輕人能夠比馬英九政權更有「智慧」。

我希望台灣年輕人能夠明白，「真正的敵人」並不是在台灣。如果台灣有敵人，就是在台灣外部，我希望台灣的年輕人，能夠有更寬廣的視野及長期的展望再付諸行動。如果「僅僅兩千三百萬人」的國民無法團結一心，台灣將不會有未來。

（卓惠娟／譯）

後記

日本是反面教材嗎？

我在中國工作三年，我的心靈幾乎每天都要受到文化差異的衝擊。「井底之蛙」的島國國民根本不會去學著理解「中國式大陸文化」，而大陸文化的中國人也很難理解「日本式島國文化」。中國人和日本人因相互誤會而產生的諸多狀況，不斷地讓我瞠目結舌。

二〇一二年二月十六日，日本駐華大使館主辦了「活力日本展」活動，中日雙方相關人士有幾百人出席（二〇一二年是中日兩國邦交正常化四十週年，中日兩國預計將舉辦大大小小共計一千場的紀念活動，其中「活力日本展」是最高級別的、非常重要的開場活動。當然，後來由於眾所周知的原因，很多活動被取消了）。

日本首相野田佳彥的特使直島正行（前經濟產業大臣）、日本經濟團體聯合會會長米倉弘昌、駐華特命全權大使丹羽宇一郎前來致辭。另外還透過會場巨大螢幕投影設備，介紹出席本次活動的日方訪華VIP人士，分別是前自民黨幹事長加藤紘一、前自民黨總裁河野洋平、前西武集團統帥辻井喬、前外相高村正彥、前豐田汽車公司社長張富士夫、前自治大臣野田毅、參議院議長江田五月等。

活動現場出現一個耐人尋味的現象。每當介紹日方人士的時候，一旁觀看的中國人便會竊竊私語笑道：「都是老頭，怎麼是活力日本啊。」的確，上述這些人的年齡分別是：六十六歲、七十四歲、七十二歲、七十三歲、七十五歲、八十四歲、六十九歲、七十五歲、七十歲、七十歲。由這些人來宣揚「活力日本」，無論如何都有些牽強。

留下深刻印象的，還有日本經濟團體聯合會會長米倉弘昌，他用剛剛硬背下來的中文，結結巴巴地努力致辭，而中國的列席人員，則對此流露出憐憫的目光。

「活力日本展」活動現場還舉行了岩手縣的大桶名酒「南部美人」的「開鏡」儀式。岩手縣是二〇一一年三月東日本大地震受災地區之一。

儀式的程序是這樣的：主持人以中文解釋完日本酒「開鏡」的含義後，中日雙方的貴賓，用中文齊聲喊：「一、二、三！」然後各自拿著小槌一起敲開大酒的桶木蓋。

接著，主持人又介紹產於福島縣的「一口悶酒杯」，並提議大家一起暢飲從日本空運過來的出色名酒「南部美人」。

按照慣例，我本以為接下來看到的應該是觥籌交錯、一片祥和的場面，誰知我又聽到旁邊中國人低聲私語：「這酒一定受到輻射污染了！」他們在接到酒的同時，也面有難色，看來他們都不想喝。恐怕也會有中國人憤怒地認為：「為什麼把那麼危險的東西發給我們喝呢？」

在會場上散發寫有「愉快的旅途，福島四季紀行」的小冊子，賣命地為「安全的福島」做宣傳的福島縣上海事務所的國分健兒所長，歎息著對我解釋：

「福島縣的面積僅次於北海道和岩手縣，位居日本第三位。受到輻射污染的區域只有在東部沿岸極小一部分，以及西側的會津等區域，全縣根本沒有受到災害的影響。但福島的污染情況，在中國完全被曲解，福島簡直成了『危險』的代名詞。」

中日之間類似這樣的誤解可以說無處不在。舉例來說，中日合作的商務貿易如果發生某些問題，日方會嚴格按照合約書來解決問題，而中方為了解決糾紛首先會修改合約書。

在這樣的爭論中，我對日方解釋：「中國是在過去的三十年間，連憲法都修改了四次的國家。」聽了這話，日本人變得目瞪口呆。另一面我對中方解釋：「日本是自從頒布美軍制定的憲法，到現在過了六十五年，連一個字都沒改過的國家。」這下子中國人也都啞口無言了。

遺憾的是，很多人還沒有意識到中日兩國間的文化差異對兩國相處所產生的不利影響。無論日本還是中國，政治家們總是陳腔濫調般地宣稱「中日兩國是一衣帶水的關係」。可是在我看來，兩國國土的距離確實很近，但是文化的距離就好像互相繞地球一周之後終於遇到了一樣，充滿距離感。

正是這種文化差異造成某些重要認知上的偏差。

今天，中國在經濟與技術方面已經取得讓國際「驚豔」的成績，我在中國居住了三年，也點滴見證了這個古老國度的變遷。這些成績不僅是中國人辛苦所得，也有在改革開放政策下，吸引他國技術和資金的成果，這其中的「他國」就包括日本。

曾幾何時，日本在中國眼中是多麼「金碧輝煌」，不少中國人將學習日語，來日本留學當作實現「鯉魚躍龍門」的途徑。據我瞭解，當時掌管中國對日事務的「日本處」，就是人人稱羨的部門。另外，當時的外交部長，是曾做過日語翻譯的唐家璿，但之後的外交部長就是擅長與歐洲打交道的李肇星，以及擅長與美國打交道的楊潔篪，恐怕很難再次出現擅長與日本打交道的外交部長了。從這一點，我們也可以看到日本在中國人眼中的沒落。

這一點，身為日本出版社駐北京分公司的代表，我也感同深受。在過去三年裡，我面試的中國人有一百五十位之多，但是遇到的優秀人才極少。我們公司通常不直接招聘，而是透過獵人頭公司尋找人才，我曾就此向他們抱怨過幾次：「你們找的人都不怎麼優秀啊！」他們總是歎息著告訴我：「近藤先生，您要找的人才都去歐美企業或者中國的大型國營企業了啊！」

在面試這些中國學生時，我總是問他們：「為什麼選擇日文系？」得到的答案總是讓我異常尷尬：「因為沒有考上英語系。」、「日文系分數低，容易考上。」每次聽到這些答案，我都有恍如隔世的感覺。

我記得上個世紀的八〇年代，中國總是選最優秀的年輕人，以公費留學生的身分來日本學習。當時，在我就讀的東京大學，一名中國留學生還在某系取得第一名的成績。此外，當時的中國留學生們都對日本懷有美好的憧憬，以及對祖國有強烈的使命感：總有一天我們要將祖國變得像日本一樣繁榮富強。

如今，中國也正在研究日本，還掀起了一股「關注日本」的浪潮，然而他們研究的是「日本泡沫經濟崩潰之後『失落的二十年』的過程」。也就是說他們正在研究「日本為什麼沒落」，並且引以為鑒。簡單點說，日本是反面教材。

日本在「泡沫經濟崩潰」後的二十年有沒有取得進步，是不是如中國人認為的「正走向沒落」？為了向中國人宣傳日本，東京大學近期整理了十二組資料，根據這十二組資料，我可以斷定某些中國人持有的「從經濟高速增長到泡沫經濟，二十世紀九〇年代以後的日本，是失落的二十年」的觀點是錯誤的。

東京大學提供的十二組資料的具體內容如下：

一、日本的交通事故死亡人數：從一九七〇年的一萬六千七百六十五人到～二〇一〇年的四千八百六十三人，過去三十年減少了二十九％。

二、日本的殺人案件的數目：從一九五五年的三千〇六十六件～二〇一〇年的一千〇六十七件，半個多世紀減少了三十四％。

三、日本的消費者物價指數（CPI）：從一九七三年的二十三．二％～二〇一〇年的負一．〇％，物價非常穩定。

四、日本人的平均壽命：從一九五五年的男性六十三．六歲、女性六十七．七五歲～二〇一〇年的男性七十九．五九歲、女性八十六．四四歲，日本成為了世界第一的長壽國。

五、日本的颱風受害：儘管日本是個颱風大國，但是自一九五九年的伊勢灣颱風造成五千〇九十八人死亡和失蹤以後，日本半世紀以來沒有發生過造成死亡和失蹤人數超過一千人的颱風災害。

六、日本的火災：儘管日本的木質結構房屋眾多，但是自一九七六年燒毀一千七百六十七棟房屋的「酒田火災」以後，日本連續三十五年都沒有發生燒毀房屋一千棟以上的大火災。

七、日本的大地震：除了二〇一一年三月的東日本大地震和一九九五年的「阪神大地震」，自從一九四八年的「福井地震」以後，日本近半世紀都沒出現死亡和失蹤人數超過一千人的大地震。

八、日本的大型交通事故：自一九六三年造成一百六十一人死亡的「鶴見事故」以後，除了二〇〇五年造成一百〇七人死亡的「福知山線脫軌事故」以外，日本連續四十二年都沒再發生死亡人數超過一百人的大型交通事故。

九、日本的公害、食物中毒、醫療事故：自一九七八年至一九七九年造成約一千八百人受害的藥害愛滋病事件以後，日本連續三十二年沒再發生過類似事件。

十、日本的洗手間地下排水道建置：一九六五年日本的完成率僅為十二．五%，到二〇一〇年已上升至九十一．六%，日本已經大致上完成了所有家庭的洗手間地下排水道建設。

十一、在日外國人人數：從一九七一年七．五萬人到二〇〇九年七十五．八萬人，增加了約十倍。

十二、日本的大學升學率：一九九〇年，男生升學率為三十三．四％，女生十五．二％，二〇一〇年男生升學率上升至五十六．四％，女生升至四十五．二％。近二十年，日本迎來了「兩人就有一人讀大學」的時代。

從這些資料可以看出，「日本在這二十年間，不僅沒有衰退，反而構築出一個更令人放心、更有安全感的高度福利化社會。如果從『日本社會生活水準是否提高』這個衡量標準來看，在這二十年裡，日本取得了比經濟高速增長期和泡沫經濟時期更大的發展。總之日本值得中國學習的東西還有很多。」東京大學負責這項調查的宮內所長這樣解說道。

中國有句俗語叫「瘦死的駱駝比馬大」，日語中也有句俗語「即使腐爛也是鯛魚」，這兩句話的意思都是指：極好的東西即使衰敗了，也會保留著一縷光輝。

中國雖然在經濟技術方面已經趕上日本十之八、九了，雖然現在的中國看似離開日本也能自給自足，但是日本依然有很多值得中國學習的地方，正如我在正文中所說，趕超日本技術的十分之八、九容易，但趕超那十分之一的尖端技術並不容易，所以中國人需要耐住性子，認真學習。

日本也一樣，日本也要努力去瞭解中國，瞭解中國人民以及他們的文化。中國離開日本可以自給自足，而日本離開中國呢？日本離開中國會經濟崩潰。歷史已經悄然發生了轉移，由「中國離不開日本」轉向了「日本離不開中國」。

所以，日本更需要瞭解中國的文化。要想真正瞭解中國，瞭解世界，日本人首先要革除心裡那種井底之蛙般的島國小民思想，正如我在正文中所說，日本人不要再「埋頭只聞日本事」了，要逐漸建立國際視野，這樣才能打開國際市場。

因為在中國從事的是文化出版事業，所以面對中日間的差異，我總是有衝上去調和這兩種文化的衝動。我盡我所能地向我周圍的人推廣日本文化，也透過混跡在中國人周圍，試圖真正瞭解中國人的性格以及民族性。因為覺得自己幾乎履行了「日本文化大使」的職責，有時候我也會戲稱自己為「日本文化小使」。

當然，我個人的力量在中日龐大的文化差異下有點「螳臂擋車」般的薄弱，但依然有著讓中日能「貼心」理解、傾心交流的「鴻鵠之願」。

——二〇一三年新春

地球觀 21

台灣的兩面鏡子

從中國、日本缺什麼看台灣如何加強競爭力

作　　者　近藤大介
譯　　者　泓冰（第一～六章、後記）
　　　　　卓惠娟（台灣版序、第七章）

總 編 輯　張瑩瑩
副總編輯　蔡麗真
責任編輯　翁淑靜
美術設計　洪素貞 (suzan1009@gmail.com)
封面設計　江孟達工作室
行銷企畫　黃怡婷
印務主任　黃禮賢

社　　長　郭重興
發行人兼出版總監　曾大福
出　　版　野人文化股份有限公司
　　　　　電子信箱：service@bookrep.com.tw
發　　行　遠足文化事業股份有限公司
　　　　　地址：231 新北市新店區民權路 108-2 號 9 樓
　　　　　電話：（02）2218-1417　傳真：（02）8667-1065
　　　　　電子信箱：service@bookrep.com.tw
　　　　　網址：www.bookrep.com.tw
　　　　　郵撥帳號：19504465 遠足文化事業股份有限公司
　　　　　客服專線：0800-221-029
法律顧問　華洋法律事務所 蘇文生律師
印　　製　成陽印刷股份有限公司
初　　版　2014 年 08 月

定價　350 元
ISBN　978-986-5723-01-9

歡迎團體訂購，另有優惠，請洽業務部（02）22181417 分機 1120、1123

國家圖書館出版品預行編目 (CIP) 資料

臺灣的兩面鏡子：從中國、日本缺什麼看臺灣如何加強競爭力 / 近藤大介著；泓冰譯 . -- 初版 . -- 新北市：野人文化出版：遠足文化發行 , 2014.08
面；　公分 . -- (地球觀 ; 21)
ISBN 978-986-5723-01-9(平裝)

1. 文化 2. 比較研究 3. 日本 4. 中國

731.3　　102026367

台灣的兩面鏡子

線上讀者回函專用 QR CODE，您的寶貴意見，將是我們進步的最大動力。

野人文化
讀者回函卡

感謝你購買《台灣的兩面鏡子》

姓　名　　　　□女　□男　　年齡

地　址

電　話　　　　手機

Email

□同意　□不同意　　收到野人文化新書電子報

學　歷　□國中(含以下)□高中職　□大專　□研究所以上
職　業　□生產/製造　□金融/商業　□傳播/廣告　□軍警/公務員
□教育/文化　□旅遊/運輸　□醫療/保健　□仲介/服務
□學生　□自由/家管　□其他

◆你從何處知道此書？
□書店：名稱 ____________　□網路：名稱 ____________
□量販店：名稱 ____________　□其他 ____________

◆你以何種方式購買本書？
□誠品書店　□誠品網路書店　□金石堂書店　□金石堂網路書店
□博客來網路書店　□其他 ____________

◆你的閱讀習慣：
□親子教養　□文學　□翻譯小說　□日文小說　□華文小說　□藝術設計
□人文社科　□自然科學　□商業理財　□宗教哲學　□心理勵志
□休閒生活（旅遊、瘦身、美容、園藝等）　□手工藝／DIY　□飲食／食譜
□健康養生　□兩性　□圖文書／漫畫　□其他 ________

◆你對本書的評價：（請填代號，1. 非常滿意　2. 滿意　3. 尚可　4. 待改進）
書名 _____ 封面設計 _____ 版面編排 _____ 印刷 _____ 內容 _____
整體評價 _____

◆你對本書的建議：

野人文化部落格 http://yeren.pixnet.net/blog
野人文化粉絲專頁 http://www.facebook.com/yerenpublish

廣 告 回 函
板橋郵政管理局登記證
板 橋 廣 字 第 143 號

郵資已付　免貼郵票

23141
新北市新店區民權路108-2號9樓
野人文化股份有限公司 收

野人

請沿線撕下對折寄回

野人

書名：台灣的兩面鏡子：
從中國、日本缺什麼看台灣如何加強競爭力

書號：0NEV0021